Karl Ernst Becker

**Syntaktische Studien über die Plejade**

Karl Ernst Becker

**Syntaktische Studien über die Plejade**

ISBN/EAN: 9783743343696

Hergestellt in Europa, USA, Kanada, Australien, Japan

Cover: Foto ©Thomas Meinert / pixelio.de

Manufactured and distributed by brebook publishing software (www.brebook.com)

Karl Ernst Becker

**Syntaktische Studien über die Plejade**

# SYNTACTISCHE STUDIEN
## ÜBER DIE
# PLEJADE.

## INAUGURAL-DISSERTATION
### ZUR
### ERLANGUNG DER PHILOSOPHISCHEN DOCTORWÜRDE
### BEI
### DER HOHEN PHILOSPHISCHEN FAKULTÄT DER UNIVERSITÄT LEIPZIG
### EINGEREICHT VON
# KARL BECKER
### AUS
### MICHELSTADT.

DARMSTADT
BUCHDRUCKEREI VON C. W. LESKE
1885.

Seinen lieben Eltern

in

Verehrung und Dankbarkeit

gewidmet.

# I. Syntax der flexiblen und inflexiblen Wortarten.

## 1. Substantiv.

### a. Geschlecht.

Die Plejade zeigt folgende Abweichungen von dem heutigen Sprachgebrauch in Bezug auf das Genus der Substantiva:

affaire (masc.), richtig nach der Ableitung von à faire.
> Du Bellay: antiquités de Rome son. S. p. 242.
> Ronsard: odes retranchées à Gaspard d'Auvergne II, 398.
> Baïf: Antigone, trag. de Sophocle p. 216.

alarme (masc.) (Du Bellay: au seigneur P. de Rons. p. 113).

âge (fém.) comme l'âge ainsi la ronesse (Baïf: les roses, p. 45).
> l'âge parfaite (Baïf: amours diverses I p. 180).

amour (fém. und masc.) (Rons.: amours I, 7. Bd. I p. 5).
> amour (fém.)　Leidenschaft des Liebens.
> amour (masc.)　Cupido.

colomb (masc. = lat. columbus.)
> des colombs amoureux. (D. B. Olive son. XX).

épigramme (masc.) certain epigramme. (D. B. déf. II, 2).

épithète (masc.) epithethes non oisifs. (D. B. déf. II, 4).

estude (masc.) du doux estude.
> (D. B. épître au seign. Jean de Morel p. 153).

Pierre de Ronsard, „œuvres", ed. P. Blanchemain, bibl. elzévirienne, Paris 1857 in IX Bdn.
Joachim Du Bellay, „œuvres choisies", ed. Becq de Fouquières, Paris 1874.
Antoine de Baïf, „œuvres choisies", ed. Becq de Fouquières, Paris 1874.
Remy Belleau, „œuvres complètes", ed. A. Gouverneur, Paris 1857, bibl. elzévirienne.
Estienne Jodelle, ed. Violet le Duc, bibl. elzévirienne, Paris 1855.
Amadis Jamyn, ed. Charles Brunet, Paris 1876.

guide (fém., noch bis ins XVII. Jhd.)
> ma guide. (D. B. le poète courtisan p. 120 et jeux rustiques métamorphose d'une rose, p. 298).

guimpe = dtsch. Wimpel (masc.) dans un guimpe de toyle.
> (Baïf: le ravissement d'Europe, poemes IX, p. 83).

image (masc.) ,C'est image est des Grecs surnommé Deltoton.'
> (R—B. appas celestes d'Arrat III, 250).
> d'un image d'amour. (R—B. I, 21).

mode (fém.) les plus nouvelles modes. (D. B. Olive son. 14).

mœurs (masc. und fém.) (D. B. déf. I, 2.)

navire (masc. und fém.)
> Desarmée est leur navire. (Rons. odes: livre I, ode 10, Bd. II, p. 261).
> ma navire. (D. B. les regrets son. 57, p. 231).
> la navire. (Jamyn son. XII, pour la Junon nopciere p. 46).
> Aber.: Le navire agité des vents impetueux. (D. B. disc. au roy sur la trève de l'an 1555).
> un navire (Jamyn son. 88, p. 122).

œuvre (masc. und fém.) cest œuvre. (D. B. déf. I, 10).
> œuvre excellent. (D. B. déf. I, 11).
> un œuvre. (Baïf, au roy, p. 2).
> Aber.: les œuvres latines. (D. B. déf. I, 11).

offre (masc.) un bel offre. (Rons. hymnes: livre II, Bd. V, p. 158).

pair (masc.) d'un pair de tourterelles. (Baïf, jeux rustiques p. 205).

période (masc.) que les périodes soyent bien joints, numéraux, bien remplissans l'oreille. (D. B. déf. II, 9).

planète (= planeta masc. wie im Lat. u. Griech.) le planète flamboyé. (Baïf, livre des meteores, p. 9).

poison (wie das lat. potio hier fém., statt masc.)
> Par toy la marastre sans foy
> Mesle la poison. (Baïf, poemes VII à Jean Poisson Grifin p. 62).
> desgl. Rons. VII, 147.

pré (pratum) (fém.)
> Le ciel en rit, la pré et le bocage.
> (Baïf, amours de Francine III, p. 152).

reste (fém.) à toute reste. (D. B. jeux rust. hymne de la surdité, p. 299).

tige (tibia) (masc.)
> Le tige en est amer. (Rons., les vers d'Eurymedon et Calhirée I, 260).
> de ton vieux tige. (D. B. Olive son. 25, jeux rust. p. 297).

S'adresse à ce tige heureux. (Baïf, amours de Meline livre II, p. 112).

ulcère (lat. ulcera plur. von ulcus — beiderlei Genus).
l'amoureux ulcère. (Rons. amours I, 112. Bd. I, p. 62).
Me fait au cœur un ulcère profond.
(Rons. amours I, 112. Bd. I, p. 64).
ceste ulcère. (Du B. déf. II, 11).
l'ulcère saignant. (Jamyn, son. LXII, p. 96).

### b. Artikel.

Im Afrz. besteht die Regel, dass die Eigennamen keinen Artikel haben, da die Individualität den Charakter derselben ausmacht. Im Nfrz. haben die Eigennamen von Völkern, Ländern, Flüssen und Meeren, Gebirgen und Bergen den Artikel; artikellos stehen nur die Eigennamen von Personen und Orten. Der Uebergang vom alten zum neuen Sprachgebrauch vollzieht sich im XVI. Jhd. Während Marot und Rabelais noch selten den Artikel setzen, gehören die Stellen, wo er bei der Plejade fehlt, schon zu den Ausnahmen.

Exhortation aux François déscrire en leur langue avec les louanges de la France. (D. B. déf. II, 12).

Doch finden sich noch Reste der alten Ausdrucksweise:
Je te hay peuple et m'en sert de témoin
Le Loir, Gastine et les rives de Braye.
(Rons. amours I. Bd. I, 69).

Las! où fuis-tu de moi? ha ma fière ennemie,
Je m'en vais despouiller jaquette et souquennie
Et m'en courray tout nud au haut de ce rocher
Où tu vois ce garçon à la ligne pescher
Afin de me lacer à corps perdu dans Loire
Pour lever mon soucy, ou afin de tout boire.
(Rons., amours de Marie).

Au bout de quinze jours, France fut esbahie
Que tu avois déjà l'Angleterre envahie.
(Rons., hymnes livre I, 4. Bd. V, p. 67).

Icy viennent à toy les pacquets de l'Asie
D'Allemagne, Angleterre, Espaigne et Italie
De Flandres et d'Escosse et bref des quatres bouts
Du monde on vient à toy.
(Rons., hymnes livre I, h. V. Bd. V, 88).

  Tu as veu la Turquie, Assyrie et Syrie
  Palestine, Arabie, Egypte et Barbarie.
    (Rons., les sonnets divers. Bd. V, 351).
  Tout ce que France avoit de beau
  Tout cela que pouvoit nature
  Repose en ceste sepulture.
    (Rons., épitaphe de Mr. de l'Aubespine Bd. VII, p. 276).
  Le Lot, le Loire, Touvre et Garonne
  A vos bords vous direz le nom
  De ceux que la docte couronne
  Eternise d'un haut renom.
    (D. B. à Mlle. Marguerite d'escrire en sa langue, p. 129).
  Tout ce que Athene eut oncques de sagesse
  Tout ce que Asie eut oncques de richesse
  Tout ce que Afrique eut oncques de nouveau.
    (D. B. les antiquités de Rome p. 249).

  Die Abstracta haben im Nfrz. stets den Artikel. Das Afrz. gebraucht sie, wie die englische Sprache ohne Artikel, da sie den Begriff der Thätigkeit oder Beschaffenheit der Substantiva in seiner Allgemeinheit bezeichnen (Hemme: „Ueber die Anwendung des Artikels in der franz. Sprache", Göttingen 1869. p. 46). Sehr oft fehlt der Artikel infolge von Personification, die im Afrz. äusserst häufig, im XVI. Jhd. noch gerne eintritt. Marot und Rabelais, sowie die Plejadendichter unterdrücken noch oft auch hier den Artikel trotz Ronsard's ausdrücklicher Warnung: Art poetique: „Tu n'oublieras jamais les articles et tiendras pour tout certain que rien ne peut tant defigurer ton vers que les articles delaissez."

  Mon cœur, ardent d'une amoureuse envie
  Si vivement de tes graces s'éprit
  Que d'un regard de tes yeux il comprit
  Que peut honneur, amour et courtoisie.
    (Rons., amours I, 83. Bd. I, p. 48).
  Amour, Amour, donne-moy paix ou trève.
    (Rons., amours I. Bd. I, 7.)
  La Beauté regne au ciel, la Vertu, la Justice
  En terre on ne voit rien que fraude que malice.
    (Rons., la charité IV, 184).
  Espoir et crainte est la seule misère
  Qui me tourmente.
    (Rons., le recueil des Mascarades IV, 195).

> Voudriez-vous bien d'un cœur malicieux
> Trahir nature et mespriser les Cieux
> Et resister à leur loy venerable?
> (Rons., elegie 26. IV, 321).

Il n'est rien pire aux mortels qu'esperance.
> (Rons., la Franciade livre II. Bd. III, 110).

> Tu diras que Richesse attraine avec elle
> Tousjours pour sa compagne, envie, haine, querelle
> Procez, noises, debats, affaires et soucy
> Peine, tourment, soupçon et la sottise aussi.
> (Rons., hymnes livre II. V, 225).

> Il se gardera bien de commettre une offense
> Craignant de perdre honneur, dignitez et chevance.
> (Rons., hymnes livre II. V, 225).

> J'aurois faveur du roy, caresse et bon visage.
> (Rons., son. 93 Bd. V, 362).

> Qui est-ce qui merite
> D'un si grand cardinal faveur tout soit petite.
> (Rons., le recueil des poemes; epître à Charles, card. de Lorraine VI, 283).

> Car tout ce que nature et le ciel plus benin
> Donnent pour ornement au sexe feminin
> Ceste dame l'avoit.
> (Rons., épit. de Marie Brachet VII, 242).

Ses contraires sont: temerité et coutardise.
> (Rons. VIII, 156).

Ses estremités sont: prodigalité et avarice.
> (Rons. VIII, 156).

Temperance est une vertu.
Force et fortitude est une vertu.
Liberalité est une vertu.
(Rons., discours des vertus intellectuelles et morales. Bd. VIII, 156).

il y a ung mouvement naturel que nous appelons passion comme est ire, crainte, douleur, joye, tristesse. Rons. disc. des vertus intell. et morales. VIII, 157).

Indignation, hayne, æmulation, malveillance et envye sont choses diverses. (Rons. disc. sur l'envye. Bd. VIII, p. 162).

Misericorde est son contraire. (ibid.)

... et me sentirois bien heureux de pouvoir esgaller les vertus, scavoir et doctrine et bons vers des deux. (Rons. lettre à Mr. Passerat VIII, 169).

> Beland qui fut par aventure
> Le plus bel œuvre que nature
> Fit onc en matière de chats.
> (D. B. jeux rustiques, p. 292. ép. d'un chat).

Vraye foye, de terre est bannie
Mensonge les esprits manie.
(Baïf, les mimes I, p. 278).
Vertu fait la vie meilleure
Vertu c'en est l'ancre plus seure
Que nul fortemps ne forcera.
(Baïf, les mimes I, p. 281).
Croy sagesse, excuse folie.
(Baïf, les mimes II, p. 292).
Peu vaut raison contre la force
Nous n'en prenons sinon l'escorce
Raison est l'ame de la loy
C'est loy la raison naturelle.
(Baïf, les mimes, p. 307).
Nature a donné aux taureaux
La corne et le vol aux oyseaux.
(Remy Belleau, odes d'Anacréon I, p. 14).
Quoy? est-ce là baiser, dites-moy, mon Desir?
Non, mais c'est me laisser, sous ombre d'un plaisir
Le regret importun d'une joye esperee.
(Remy Belleau II. journée de la bergerie II, 294).
Tout n'as que la seule voix
Et la seule voix me reste
Et mesme douleur moleste.
Nos membres.
(R—B. II. j. de la bergerie, „la cigale" II, 310).
Voila ce que je sçay des pierres que nature
Brasse dedans les flancs de ceste terre dure.
(R.—B. pierres précieuses, discours III, 24).
Je veux de main industrieuse
Sur les bords de l'onde fameuse
Choisir une perle de prix,
Une perlette, dont la gloire
Sur les colonnes de memoire
Immortelle emporte le prix.
(R B. pierres préc. „la perle" III, 58).
Qui ne recognoist que l'ouvrage
Qu'ici bas nature mesnage
N'est beau que pour estre divers
Celuy n'a pas la cognoissance.
(R B. pierres préc. „le coral" III, 83.)

Andrerseits findet sich der Artikel, wo wir ihn heute nicht mehr setzen:

Que pleust à Dieu le naturel d'un chacun estre aussi candide à louer les vertus, comme diligent à observer les vices d'autruy. (D. B. déf. II, 2).

aussi je croy qu' à un chacun sa langue puisse competemment communiquer toute doctrine. (D. B. déf. I, 10).

Un chacun travaillait, l'un apres les pressoirs
L'autre à bien estouper le ventre à l'entonnoir.
(R—B. I. j. de la bergerie, „les Vendangeuses" II, 78).
tout à un coup. (Rons. amours l. 9. Bd. I, p. 7).
tout à un coup. (D. B. au lecteur).
la grace à Dieu. (D. B. déf. II fin.)

Zur Bezeichnung des höchsten Grades einer Eigenschaft gebraucht das Nfrz. den Comparativ mit dem bestimmten Artikel; tritt der Superlativ attributiv zu einem Substantiv, so lassen sich 2 Fälle unterscheiden:

1. 'Der Superlativ steht vor dem Substantiv; dann fällt im Nfrz. der Artikel nur weg, wenn er durch Pronomina ersetzt wird, wird dagegen bei mehreren aufeinanderfolgenden Superlativen wiederholt. Im Afrz. bleibt bei einem Superlativ der Artikel gewöhnlich weg, bei mehreren durch et verbundenen ist die Setzung facultativ.

2. Der Superlativ folgt dem Substantiv; dann verlangt das Nfrz. den Artikel, während er im Afrz. auch hier fehlt. (cf. Hemme, p. 53).

Im XIII. Jhd. wird er jedoch in Fall 1 stets wiederholt. (cf. Klatt: „Die Wiederholung und Auslassung gewisser Form- und Bestimmungswörter in der frz. Prosa des XIII. Jhds., Kiel 1878 Diss., p. 17, und Hirschberg, Auslassung und Stellvertretung im Afrz., Göttingen 1878. p. 16).

Bei Nachsetzung ist in den meisten romanischen Sprachen die Wiederholung des Artikels nicht nötig; im Nfrz. nicht zu umgehen (Diez, Gr. III, 10), z. B.: ital. i suoi compagni più noti e più sommi.

Die Plejade setzt in den meisten Fällen, wenn Nachstellung stattfindet, keinen Artikel, doch lässt sich, besonders bei Ronsard, das Streben nach Setzung des Artikels bemerken; er verfährt damit meist gerade wie die neufrz. Sprache.

comme petits oyseaux
Parmy le verd des branches plus nouvelles.
(Rons. amours I, 113. Bd. I, p. 64).
Le feu sans chaud et sans clarté sera
Obscur le rond des deux astres plus beaux.
(D. B. Olive son. XVII).
lors la cause plus forte
Devient soudain la plus faible.
(D. B. de porter les misères, p. 115).
Car le vers plus coulant c'est le vers plus parfait.
(D. B. le poete courtisan, p. 122).
Combien de fois allant par le lieux plus sauvages.
(Baïf, amours de Francine IV, p. 162).
Icy mon beau Soleil en sa clarté plus belle
De ses jours trop hastez laissa l'ombre en partant.
(R- B. I. j. de la bergerie, ép. de Claude de Lorraine. Bd. II, p. 59).
Les colères plus ardentes.
(R— B. p. préc., le saphir III, 100).
qui connoit des choses plus secretes
La cause et la raison.
(R— B. disc. de la vanité, cap. VIII, III 188).

Aber Ronsard:
la frayeur des astres les plus cois.
(Rons. amours l. Bd. I, 86).
Qui sert de roses aux roses les plus belles
Qui sert de fleurs aux fleurs les plus nouvelles.
(Rons. amours I. Bd. I, p. 54).

Steht der Superlativ vor dem Substantiv, so steht regelmässig der Artikel.

Die Entwickelungsgeschichte des Teilungsartikels beginnt nach Keding (Syntax des Teilungsartikels, Guhrau 1870, p. 1) mit dem Anfang des XV. Jhds. und geht in 3 Perioden bis in unser Jahrhundert, wo dann seine Syntax vollständig ausgebildet ist.

Die Plejade verstösst in folgenden Fällen gegen den heutigen Sprachgebrauch:

a. beim Nominativ:

Ces mots là doncques seront en nostre langue comme estrangers en une cité. (D. B. déf. I, 10).

d'autant que tous les jours se lisent nouveaux escrits sous son nom. (D. B. déf. II, 2).

> Ce n'est qu'or fin dont tu te dores
> Qu'argent, qu'azur dont tu colores
> Au vif un millier de beaux yeux.
>> (R.—B. le papillon à Ronsard).

b. beim Accusativ und Dativ:
> Ne single point sans prester les oreilles
> A nos chansons et tu **orras merveilles**.
>> (Rons. amours II, le chant des serenes. Bd. I, p. 224).

> Quand quelqu'un de Pallas devise
> Les Muses appreuvent l'emprise
> De filer, de tistre, d'ourdir
> D'imposer **nouveaux noms** aux villes.
>> (Rons. odes, livre V. Bd. II, p. 300).

> Si nous voyons entre fleurs et boutons
> **Paistre moutons**.
>> (Rons., eclogue I, Bd. IV, p. 7).

> Ausquels il baille **or, argent** à plante.
>> (Rons., comédie de Plutus. Bd. VII, 288).

Tous mestiers ont leurs propres outils, toutes langues ont leurs mots et locutions usitées et qui n'en voudroit user, il se faudroit forger à part nouveaux arts, nouveaux mestiers et nouvelles langues. (D. B. Olive).

... estre necessaire imposer **nouveaux arts**. (D. B. déf. II, 6).

Mais combien plus il sert avoir **amis fidelles**. (Baïf, ambassade de Venus poeme II, p. 27).

**gaigner argent**. (R. B. la reconnue acte II, sc. II. Bd. III, p. 289.)

les loisirs de vaquer à **plus grandes choses**. (D. B. déf. I, 10).

c. nach quoy:
Je ne sçay **quoy plus grand et plus divin**. (D. B. disc. au roy sur la poésie, p. 119).

Pierre Ronsard, des labeurs duquel nostre poésie doit esperer je ne sçay **quoy plus grand que l'Iliade**. (D. B. ép. à Jean de Morel, p. 157).

Et **quoy plus beau** pourroit échoir à l'homme. (Baïf, poemes II, p. 24).

d. bei der Negation:
> O toy que mere et marastre on appelle
> As-tu donc fait une chose si belle
> Pour la deffaire? ô Dieu qui n'as **point yeux**.
>> (D. B. son. XXIV).

> Je n'avois **rien plus cher** pour gage de mon foy
> Qu'un seul petit escrit que je gardoy de toy.
>> (R—B. chansons. III, p. 214).

e. vor autre und vor tel im Plural:

> Autres pensers en moy ne logent point
> Ni autre idole en mon cœur je n'adore.
> (Rons., amours I. Bd. I, 16).

Je n'ay recueilly autres fruits. (Rons., lettres à Mr. Passerat VIII, 169).

non que me sente plus clair-voyant en cela ou autres choses qu'ils ne sont. (D. B. déf. I, 1).

d'imiter les bons auteurs Grecs et Romains voire bien Italiens, Espagnols et autres. (D. B. déf. II, 3).

Certes, je m'asseure que tels debonnaires lecteurs ne me blameront. (Rons., au lecteur II, 12).

Telles inventions encore te feray-je voir dans mes autres livres. (Rons. au lecteur II, 13).

Bien que telles gens foisonnent en honneurs. (Rons. au lecteur II, 15).

pour ce que l'obéissance qu'on doit à tels personnages ne reçoit aucune excuse en ceste endroit. (D. B. déf. I, 6).

### c. Casus.

Wie im Afrz. sehr häufig, so wird auch bei der Plejade der attributive Genetiv zur Bezeichnung des Besitzes mit dem Dativ vertauscht.

à fin que tu ne penses que je me vueille attribuer les inventions à autruy. (D. B. Olive).

> Aussi peu familiere aux soldats de Pallas
> Comme elle est domestique aux prestres et prelats.
> D. B. jeux rust., hymne de la surdité, p. 299).

> Toi maintenant plante ornée
> De verds rameaux, ô Daphnée
> Verdoyante, icy, jadis
> Fille au Thessalois Penée
> Tous amans tu escondis.
> (Baïf, le laurier, p. 18).

> Chetive tu ne sçais pas
> Que tu es femme à Neptune.
> (Baïf, ibid.)

> La larme à l'œil, sur la bouche à ma dame
> Lorsqu'elle estoit en son accez fiévreux
> J'alloy cueillant un baiser savoureux.
> (R—B. amours medecin I, 151).

>             ceste vache abaissee
> Qui a l'echine blanche et la corne emoussee
> C'est la vache à Perot, c'est elle, je la voy.
>            (R—B. I. j. de la bergerie II, p. 25).

Bei Baïf findet sich ein Beispiel, wo der comparative Genetiv, den das Nfrz. nur im quantitativen Verhältniss kennt, in qualitativen Verhältniss steht. Glanning (Syntactische Studien zu Marot, Diss. Nördlingen 1873, p. 18) weist solche Anwendung für Marot nach.

>             Gentile fleur du mesme nom de celle
> De qui les yeux par les miens traitrement
> Darderent lors en moy premierement
> La douce ardeur que ma poitrine cele.
>           (Baïf, amours de Meline, livre I, p. 102).

## 2. Adjectiv — Concordanz.

Eine Abweichung von den neufrz. Regeln über die Concordanz bieten nur die Adjectiva grand und nu wenn sie vor dem Substantiv stehen, ein Ueberrest vom altfrz. Gebrauch.

Tant j'ay grand' peur des flames de ton ire.
>           (Rons., amours I, Bd. I, 6).

Par les forests erre cette grand' bande.
>           (Rons., la Franciade, livre I, Bd. III, 61).

Après avoir longtemps discouru de grands choses.
>           (Rons., églogue I, Bd. IV, p. 40).

ces grands maisons superbes et royales.
>           (Rons., poemes livre II, Bd. VI, 252).

grand' fascherie et presse.
>           (Rons., fragments, coméd. de Plutus, Bd. VII, 289).

veu qu'à grand' peine avez-vous appris leurs mots.
>           (D. B. déf. I, 11).

>        Il a des yeux et ne peut nostre offense
> Estre cachée à sa grand' providence.
>           (R—B. prière à Dieu I, 138).

>          O quel heur, si tu connoissois
> La grand' faveur que tu recois.
>           (Baïf, amours de Meline I, p. 103).

Ah! j'ay grand' peur que quand l'âge parfaite
Au jeu d'amour plus propre t'aura faite
Tu changes ce bon cœur.
>           (Baïf, amours diverses, p. 180).

En rechignant s'en est allee
Nuds pieds et toute eschevelee.
 (Rons., odes I, str. IV. Bd. II, 29).
A l'heure entre nous promis
J'alloy nus pieds en chemise
Plein du brazier amoureux.
 (Baïf, amours diverses livre III, p. 196).
Nus pieds et toute detressée
Martine s'est aux charmes adressée.
 (Baïf, les jeux, éclogues, p. 202).
Ces charmes faits la sorciere Martine
Arreste là son rouet. Et Maupine
De l'autre part qui d'un saut s'élança
Nu chef, nus bras, ses charmes commença.
 (Baïf, les jeux, éclogues, p. 203).

## 3. Pronomina.

### a. personale.

Die im Afrz. sehr gebräuchliche Form soi findet sich noch bei der Plejade für heutiges lui, elle.

Ceux que la Muse aimera mieux que moy
Comme un Daurot qui la loge chez soy.
 (Rons., le bocage royal, le verre à Jean Brinon).

je veux bien advertir ceux qui aspirent à ceste gloire d'imiter les bons auteurs Grecs et Romains ou du tout n'escrire point sinon à soy.
 (D. B. déf. II, 3).

Wie bei Marot, so kommt auch bei der Plejade die Form „je" noch alleinstehend vor für das pronom absolu „moi".

Je Berger, plein de vitesse
Par humblesse
Aux dieux chevrepieds j'appens
Cette depouille conquise.
 (Rons., les bachanales Bd. VI, p. 370).

Umgekehrt setzt Remy Belleau einmal luy für die conjunctive Form il, des Nachdrucks wegen.

Et parce qu'elles sçavoyent fort bien que ce Berger faisait l'amour à l'une de leurs compagnes, aussi qu'il y avoit longtemps qu'elles ne l'avoient veu, l'appellent; Luy me prie luy faire compagnie.
 R.-B. I. j. de la bergerie II, 119).

Pleonastische Verwendung findet das Pronominaladverb „en" in folgenden Sätzen:

Je suis amoureux en deux lieux
De l'un j'en suis desespére
De l'autre j'en espère mieux
Et si n'en suis pas asseuré.
(Rons., pièces retranchées chanson I, Bd. I, p. 441).

L'automne en larmoyant s'en estoit en-allée.
(Rons., hymnes livre II, Bd. I, p. 198).

Je ne croiray jamais qu'on puisse bien apprendre tout cela des traducteurs pour ce qu'il est impossible de le rendre avecques la mesme grace dont l'auteur en a usé. (D. B. déf. I, 5).

### b. Possessivum.

Im XVI. Jhd. ist noch allgemein die Ersetzung der leichten Formen des Possessivpronomens durch die schweren. Diese treten in Verbindung mit dem Artikel (a), mit ce und chacun (b) und ohne Artikel im prädicativen Verhältniss auf (c).

a. Vous donnant l'ame mienne.
(Rons., sonnets pour Helene. Bd. I, p. 286).

Thoinet au mois d'avril passant par Vendomois
Me mena voir à Tours Marion que j'aimois
Qui aux nopces estoit d'une sienne cousine.
(Rons., voyage de Tours, amours de Marie).

Et de ce que je dy, m'a asseuré un gentilhomme mien amy.
(D. B. déf. I, 2).

Quand d'occident, comme une estoille vive
Je vy sortir dessus ta verde rive
O fleuve mien une nymphe en riant.
(D. B. Olive son. XIX).

(Dieser Vocativ kommt afrz. nicht vor und ist vielleicht als eine directe Nachahmung des latein. o mi fluvie anzusehen).

Pleust à Dieu que mon cœur retint entre ces lacs
Le vostre prisonnier d'une aussi douce presse.
(R—B. II. j. de la bergerie II, 305).

Les membres siens. (R—B. prière à Dieu I, 138).
de la race tienne. (R—B. sonnet au roy Charles IX. II, 208).
un sien amy. (R—B. I. j. de la bergerie „May" II, 46).
un sien cousin. (R—B. argument de la reconnue III, 267).

b. ce mien compagnon. (R—B. II. j. de la bergerie II, 272).
ce mien père. (Baïf, au roy, p. 2).
ce mien jugement. (Baïf, amours de Meline, p. 106).

c. prädicativ.

qui n'est plus mien. (Rons., amours I. Bd. I, 30).
qu'il fust autre que tien. (Rons., amours I. Bd. I, 30).
Je seray tien. (ibid. p. 32).
Je suis tant vostre. (Rons., amours I. Bd. I, 52).
Je suis tant sien que plus mien je ne suis.
     (Rons., amours I. Bd. I, 93).
Vif et mort je seray sien.
   (R—B. II. j. de la bergerie à Mr. Nicolas II, 308).
Mon Espous est tout mien, je suis toute sienne
Je sçay qu'il m'aime aussi et que son ame est mienne.
    (R—B. éclogues II. Bd. III, 212).

Vereinzelt findet sich diese prädicative Verwendung bis in's XVII. Jhd.: Je seray vôtre auparavant, bei Lafontaine (cf. Gessner: „Zur Lehre vom franz. Pronomen", Berlin 1873, p. 22).

## c. Demonstrativum.

Die Plejade kennt noch die alten Formen des Demonstrativpronomens: cil, iceluy, cestuy etc.

Das Pronomen ce wird gebraucht zur Bezeichnung des Datums, wie im Afrz. und noch bei Marot, Rabelais und Voiture.

ce XVIIme juillet. (Rons., Bd. VIII, 171).
De Paris, ce 15 de fevrier. (D. B. introduction.)
A Paris, ce premier de mars. (R—B. au seign. Gassot I, 5).
A Paris, ce dix-neufiesme juin. (R—B. à Charles de Lorraine II, 10).

Ursprünglich hatten beide Pronomina cest und cestuy - cel und celuy substantivische wie adjectivische Bedeutung. In den altfrz. Denkmälern werden die längeren Formen substantivisch nur für Personen gebraucht; cest und cel stehen wesentlich adjectivisch, ohne jedoch die substantivische Geltung auszuschliessen. Im XIII. Jhd. wird adjectives cestuy und celuy immer häufiger und da cest und cil zurücktreten, so ist celuy am Ende des XV. Jhds. für den adjectivischen und substantivischen Gebrauch das einzige Pronomen; celuy erhält sich als Adjectiv bis in's XVII. Jhd. und beschränkt sich dann auf seine rein pronominale Bedeutung; cest gilt fortan nur adjectivisch (cf. Gessner, p. 28).

Beispiele für die adjectivische Verwendung von celuy sind:

en celuy mesme desert. (D. B. déf. I, 11).
je dy celuy Caton dont. (D. B. déf. II, 12).
rendre celle forme que. (D. B. déf. I, 11).

> Croyssez, heureux œillets que ma maistresse arose
> De sa belle main blanche à celle heure du jour
> Que . . . (Baïf, amours de Francine II, p. 135).

Mais non celle nuit desirée. (Baïf, poemes VI, p. 58).
je vy celle aventure. (Baïf, poemes VII, p. 60).
De celle source clair-voyante. (Baïf, poemes VIII, p. 74).
Si je recevoy celle grace. (Baïf, amours de Meline I, p. 103).
quand je voy l'éclair et celle belle flâme. (Baïf, amours de Francine III, 159).

> En celle nuit la premiere
> Que je vi madame à nu.
> (Baïf, amours diverses III, p. 194).

celle mechante vipere. (Baïf, les Mimes III, p. 312).

Pleonastisch, wenigstens im Sinne des Nfrz. erscheint das Demonstrativum ce:

a. in Conjunctionen, die mit Präpositionen gebildet sind; das Nfrz. besitzt nur noch eine Conjunction derart: parce que.

pour ce que — parce que.
cependant que. (D. B. les regrets, son. VII, p. 205).
ce pendant que la court mes ouvrages lisoit. (D. B. les regrets, p. 205).

> ce pendant que nos bestes paissantes
> Brouteroyent par les chams les herbes verdissantes.
> (Baïf, jeux éclogues, p. 207).

Vaugelas, remarques sur la langue française I, 358 verwirft diese Conjunction schon als falsch.

b. in eingeschobenen Sätzen:

ce me semble. (D. B. déf. I, 1).
ce me semble. (R—B. odes d'Anacreon. Bd. I, p. 39. „l'Arondelle").
ce leur dit-il. (Baïf, jeux, éclogues „Pan", p. 209).
ce croy-je. (Baïf, épithalame à Mr. d'Asserac, p. 57).
ce di-je en moy-mesme. (Baïf, poemes IX, p. 88).
ce dy-je. (R—B. songe ou devis d'Anacreon et d'Amour. I, 15).

d. Relativum.

Die Formen qui und lequel werden bei der Plejade unterschiedslos angewandt. Lequel wird im XVI. Jhd. mit besonderer Vorliebe gebraucht.

Or ceste faculté de parler ainsi de toutes choses ne se peut acquerir que par l'intelligence parfaicte des sciences, lesquelles ont esté traictées par les Grecs. (D. B. déf. I, 4).

Claudien est poete en quelques endroits comme au Ravissement de Proserpine; le reste de ses œuvres ne sont qu'histoires de son temps lequel comme les autres s'est plus estudié à l'enflure qu'à la gravité. (Rons. préf. de la Franciade).

Nach dem Vorbild des Lateinischen wird das Relativum zur Verbindung von Sätzen, zum Periodenbau verwendet.

Si la nature eust donné aux hommes un commun vouloir et consentement outre les innumérables commoditez qui en fussent procédées, l'inconstance humaine n'eust eu besoin de se forger tout de manière de parler. Laquelle diversité et confusion se peut à bon droit appeler le tour de Babel. (D. B. déf. I, 2).

De là sont nées en la langue latine ces fleurs et ces fruits colorez de ceste grande eloquence avec ces membres et ceste liaison artificielle, toutes lesquelles choses . . . . toute langue a coustume de produire. (D. B. déf. I, 3).

    Mais il est trop plus grand de voir quelque beau livre
    Où lors que nostre esprit du corps franc et delivre
    Voyage hors de nous et nous fait voir sans yeux
    Les causes de nature et les secrets des cieux
    Pour auxquels penetrer un philosophe sage .
    Voulut perdre des yeux le necessaire usage.
        (D. B. j. rust. „hymne de la surdité", p. 302).

laissant celuy que j'entends avoir ete baty par les autres. (D. B. déf. II, 1). (quem audio).

Es findet sich sogar ein mit dem Relativ gebildeter casus absolutus, der dem latein. ablativus absolutus entspricht.

Cependant mon compagnon et moy retombons sur le dernier propos que nous avions tenu ensemblement qui estoit des charmes et sorceleries d'amour disant ce mien compagnon que la douce rencontre de ce l'escheur avoit esté occasion qu'il ne m'avoit monstré une Eclogue d'une sorcière: quoy disant me monstre une fueille de papier. (R—B. II. j. de la bergerie II, 305).

> Bref il n' y eut celuy des Dieux
> Qu'à chercher ne fust curieux
> Quelque bien pour l'humaine race
> Tout alors estoit en sa grace
> Quoy voyant le Dieu jardinier ...
>   (R—B., la cerise I, 90).

Ferner tritt bei den Plejadendichtern noch häufig die dem lateinischen Gebrauche entnommene Anwendung des Relativsatzes statt des hypothetischen Satzes ein (qui = si quis), selbst wenn der Hauptsatz sein eigenes Subject hat.

> Qui voudra voir une jeunesse prompte
> A Suisse en vain l'object de son malheur
> Me vienne voir, il voirra ma douleur
> Et la rigueur de l'archer qui me domte.
>   (Rons., amours I, Bd. I, p. 7).

Qui voudra considerer la faculté de l'ame en ses deux parties, il trouvera que ... (Rons. disc. des vertus intell. et morales VIII, 158).

Qui voudroit à ceste ballance examiner les escripts des anciens Romains et des modernes Italiens leur arrachant toutes ces belles plumes empruntees dont ils volent si hautement, ils seroyent en hazard d'estre accoustrez en corneille horazienne. (D. B. Olive épître).

et qui n'en voudroit user, il se faudroit forger à part nouveaux arts. (D. B. Olive au lecteur).

Eine directe Uebersetzung des latein. quod bieten scheinbar folgende Sätze, in denen auch altfrz. que stehen, das Nfrz. aber ce que setzen würde.

> il comprit
> Que peut honneur, amour et courtoisie.
>   (Rons. amours I, 83. Bd. I, p. 48).

Puis que seul j'ay cogneu que peut ta Deité. (Rons., son. pour Helene I, 288).

Je ne te diray à present, que signifie strophe. (Rons., au lecteur II, p. 11).

> et l'Anglois qui de coups
> Se sent encore douloir, mesme en vostre absence
> A cogneu que pouvoit vostre forte puissance.
>   (Rons., poemes II, „la paix". Bd. VI, 217).

Voyla que c'est Morel. (D. B. les regrets son. 17, p. 211).

Helas! mon cher Morel, dy-moy que je feray. (D. B. les regrets son. 32, p. 219).

Regardez bien que c'est que dire on n'ose. (Baïf, amours diverses I, p. 172).

Mais je ne pourray pas bien au vray te le dire
Que c'est que j'ay le plus ou l'aise ou le martyre.
(Baïf, amours de Francine III, p. 159).
Je ne sçay que je dois dire. (Baïf, amours div. p. 182).
Sçais-tu bien que tu dis? (Baïf, les jeux, „Antigone", p. 217).
Là je vous puniray
Adultère assassin et sentir vous feray
Que c'est d'offenser Dieu et sa bonté divine.
(R—B. les amours de David II, 354).
Voilà que j'ay trouvé en ce mondain empire. (R—B., disc. de la vanité cap. VII. III, 187).

Der Gebrauch des relativen qui und que ist vollständig geregelt; qui ist Nominativ, que Accusativ; Uebergriffe der einen Form in die Functionen der andern kommen bei den Dichtern der Plejade nicht mehr vor.

Für ein Relativ im casus obliquus kann noch heute das Adverb où eintreten. Bei Du Bellay findet sich für où die Conjunction que.

Mais qui voudroit dire que la grecque et romaine eussent tousjours esté en l'excellence qu'on les a veues du temps d'Homère et de Demosthène, de Virgile et de Cicéron. (D. B. déf. I, 3).

Las et combien seroit meilleur qu'il y eust au monde un seul langage naturel que d'employer tant d'annees pour apprendre des mots et ce jusques à l'aage bien souvent que n'avons plus ny le loisir, ny le moyen de vaquer à plus grandes choses. (D. B. déf. II, 10).

Das Relativpronomen quoy kommt altfrz. nicht häufig vor; im XV., XVI. und XVII. Jhd. wird es häufiger und ist auf unpersönliche Gegenstände jeder Art anwendbar. (Diez, Gr. III, 337). Vaugelas, remarques sur la langue française ed. A. Chassang, Paris 1880 I, 123 sagt: ce mot a un usage fort elegant et fort commode pour suppléer au pronom „lequel" en tout genre et en tout nombre comme fait „dont" d'une autre sorte. Trotz Vaugelas' Empfehlung hat es sich später mehr und mehr verloren und ist heute nur in Beziehung auf unbestimmte Pronomina, selten auf Abstracta anwendbar. (Diez, Gr. III, 337). Bei der Plejade kommt es noch ziemlich häufig vor, jedoch nie in Bezug auf Personen.

a. auf Substantiva bezogen:

j'ay bien voulu pour le devoir en quoy je suis obligé à la patrie. (D. B. déf. II, 1).

b. alleinstehend mit Präpositionen:

Par quoy ainsi comme sans muer de coustumes. (D. B. déf. I, 10).

Die von Gessner, p. 15 erwähnte Verwendung von de quoi für de ce que im Sinne von „weil" kommt auch bei unsern Dichtern vor. Dem Afrz. ist diese Construction ebenso fremd, wie der modernen Syntax; sie entspricht dem latein. quod nach Verben des Affects: Quod vales gaudeo. (Ellend-Seyffert, lat. Grammatik. Berlin 1880, p. 255). Diese Construction kommt vor dem XIV. Jhd. schwerlich vor und ist namentlich im XV. und XVI. Jhd. geläufig. (Gessner, p. 15).

  A front baissé je pleure, gémissant
  De quoy je suis (fonte digne de grace)
  Sous l'humble voix de ma rime si basse
  De tes beautés les honneurs trahissent.
    (Rons., amours I, 65, p. 39).

Quelques uns se plaignent de quoy je blasme les traductions poétiques en nostre langue. (D. B. Olive).

c. Indefinitum.

Aucun ist gemäss seiner Entstehung aus aliquis unus ursprünglich ein rein affirmatives Wort. Erst seit dem XV. Jhd. dient es dazu mit der Negation den Begriff „kein" darzustellen. (Gessner II, 24).

A ce propos je ne puis assez blasmer la sotte arrogance et témérité d'aucuns de nostre nation. (D. B. déf. I, 1).

Si aucuns ont veu quelques œuvres. (D. B. déf. I, 5).

Mais je diray d'aucuns. (D. B. déf. I, 6).

Or s'aucune est dejà de tant d'honneur comblée. (Baïf, Selmaci, p. 42).

Aucuns dorment, autres se cachent. (Baïf, les mimes, p. 203).

Aucuns disent estre les sœurs
De Phæton.  (R—B. p. p. la pierre d'once III, 133).

Noch das Nfrz. kennt die affirmative Anwendung von aucun: „d'aucuns disent".

Vor prädicativen Adjectiven bezeichnet tout als Adverb den Grad der Eigenschaft, aber vor consonantisch an-

lautenden Femininen steht dennoch ein prädicatives toute
(cf. Lücking, Frz. Schulgrammatik. Berlin 1880, p. 200).
Die Plejadendichter verfahren noch freier mit dem Adverb
tout; sie verändern es noch manchmal vor Adjectiven, die
vocalisch anlauten.

>   Une aspre fureur d'esprit
>   Le cœur de Cassandre éprit
>   Et comme toute insensée
>   Son corps tremblant ça et là
>   Au fils d'Hector s'en alla
>   Pour lui chanter sa pensée.
>   (Rons., ode I, str. I. Bd. II, 26).
>   Nuds pieds et toute eschevelée
>   J'ay la teste toute estourdie
>   De trop d'ans et de maladie.
>   (Rons., odes livre IV, ode XI. Bd. II, 269).

Dont la plume est toute arrousée. (Rons., gaietes „l'Alouette").
Les monstres qui la France avoient toute embrasée. (Amadis
Jamyn, son. VII au roy Henry III. p. 41).

Bei Jamyn findet sich tout einmal unverändert, sogar
vor consonantischem Anlaut.

>   Je suis la tout-puissante. (Amadis Jamyn, prosopopé „la Fortune"
>   p. 276).

## 4. Zahlwörter.

Ueber den Gebrauch der Zahlwörter ist wenig vom
Nfrz. Abweichendes zu bemerken. Wie im Afrz. werden
noch die Ordinalzahlen für die Cardinalzahlen angewandt
beim Datum und bei der Unterscheidung von Personen.

>   Le vingtiesme d'avril. (Rons., amours II, Bd. I, 151).
>   ce dix-neufiesme juin. (R.—B. II, 10).
>   Charles neufiesme. (Rons., la Franciade III, 10).
>   Louis onziesme; Charles septiesme. (Rons., hymn. livre I. V, 75).

## 5. Verb.

### a. Umschreibung des Activ.

Im Afrz. kommen zwei Umschreibungen des Activs vor,
die dazu dienten, eine beharrliche Thätigkeit, oder eine fort-
schreitende Handlung auszudrücken (Diez, Gr. III, 182-83).
Es sind dies être mit dem Participium Präsens, eine schon im

Lateinischen vorkommende Construction und aller mit dem Gerundium. Von diesen Umschreibungen haben Montaigne und Du Bartas nur noch die letztere; Marot und die Plejade noch beide, obgleich bei der Plejade der Gebrauch der Umschreibung mit être schon sehr eingeschränkt ist. Sie kommt im Ganzen bei

    Ronsard . . 56 mal,
    Du Bellay . . 7 mal,
    Baïf . . . . 5 mal,
    Amad. Jamyn 8 mal vor, während die Zahlen für die Umschreibung mit aller folgende sind:

    Ronsard . . 380 mal,
    Du Bellay . . 30 mal,
    R—Belleau . 203 mal,
    Ant. de Baïf . 32 mal,
    Amad. Jamyn 38 mal.

Letztere Umschreibung bedeutet bei der Plejade nicht mehr als die einfache Zeit.

    Für estre: Puisque je me plains d'une portrait
        Ombre du vray que je suis adorant.
        (Rons., amours I. Bd. I, p. 21).

Pour estre en vain tes beaux soleils aimant. (Rons., amours I, Bd. V, p. 9).

    je suis vivant. (R—B. II. j. de la bergerie II, 281).
    Amour est triomphant. (R—B. II. j. de la bergerie II, 349).

Für aller sind die Belege nicht schwer zu finden.

Der Gebrauch des Pronomen se in der III. Person für das Passiv oder für das Activ mit on, der altfrz. selten ist, dringt durch das Italienische immer mehr ein; heutzutage hat man diese Construction nur noch, wenn das Subject kein Personennamen ist und das Verb kein indirectes Complement bei sich hat, das das Subject der Handlung angibt. (Darmesteter und Hatzfeld: le XVI$^{me}$ siècle, Paris 1878, p. 266). Diez, Gr. II, 211 weist nach, dass diese reflexive Form im Dacoromanischen stets für das Passiv, auch in der I. und II. Person gesetzt wird.

    cette qualité ne se peult acquérir. (D. B. déf. I, 5).

entendu que toutes sciences se peuvent fidèlement et copieusement traicter en icelle. (D. B. déf. I, 4).

Toutes lesquelles choses se peuvent autant exprimer. (D. B. déf. I, 6).

Je ne pense que telles choses se facent par la nature des dites langues. (D. B. déf. I, 9).

> Cy gist travail qui de son maistre
> Fut aimé ce qu'il pouvoit estre
> Travail qui son bon maistre aimoit
> Tant que maistre aimer se pouvoit
> Qui sans peur et sans jalousie
> Tiras les trames de sa vie
> Etqui lassé de vivre plus
> Mourut de vieillesse perclus.
>   (R. B. II. j. de la bergerie „le travail" II, 316).

b. **Tempus und Modus.**

Im Gebrauch der Tempora ist wenig zu bemerken. Meist zeigen die Plejadendichter den neufrz. Sprachgebrauch. Oftmals erscheint bei ihnen, wie es im Afrz. erlaubt war und auch bei Marot und gelegentlich noch gegenwärtig vorkommt, der Conj. des Plusquamperfects oder das zweite Conditionale im Nebensatze eines hypothetischen Satzgefüges nach si und im Hauptsatze nicht das zu erwartende Imperfect Futuri, sondern ebenfalls der Conj. des Plusquamperfects.

> Heureux, cent fois heureux, si le Destin
> N'eust emmuré d'un rampart aimantin
> Si chaste cœur dessous si belle face!
> Et plus heureux si je n'eusse arraché
> Mon cœur de moi pour l'avoir attaché
> De clous de feu sur le froid de sa glace.
>   (Rons., amours I. Bd. I, 4).
> Si l'escrivain de la Gregeoise armée
> Eust veu tes yeux qui serf ne tiennent pris
> Les faits de Mars il n'eust jamais empris
> Et le duc grec fust mort sans renommée.
>   (Rons., amours I. Bd. I, p. 56).

Si la nature eust donné aux hommes un commun vouloir et consentement, l'inconstance humaine n'eust eu besoin . . . . (D. B. déf. I, 1).

Si ces tant fameux auteurs se fussent amusez à traduire, eussent-ils eslevé leur langue à l'excellence et hauteur où nous la voyons maintenant. (D. B. déf. I, 7).

Mais si les Romains eussent été superstitieux en cest endroit, qu'auroient-ils ores. (D. B. déf. II, 6).

In den einfachen Zeiten steht meist wie jetzt das Imperfect.

1. Si toute Rome en ce poinct vouloit faire
Le Monde fust un desert solitaire.
(Rons., elegie 26. IV, 323).
2. Certainement, si nous avions des Mecenes et des Augustes ...
(D. B. déf. II, 5).

Das vorhergehende Beispiel 1 enthält im Nebensatz einen Imperf. Indic., im Hauptsatz einen Imperf. Conjunct. Darin, observations sur la Syntaxe du verbe dans l'ancien français, Lund 1868, kennt für das Afrz. nur folgende Beispiele:

Im Bedingungssatze: Imperf. Ind.
Im Hauptsatze:  » »
Im Bedingungssatze: Imperf. Ind.
Im Hauptsatze: Das Condit.

Für Marot hat Glauning auch kein Beispiel dieser Art nachgewiesen.

Wie im Lateinischen das Futurum zum Ausdruck eines Wunsches oder Befehls gebraucht wird, so ist dies auch im Französischen möglich. Die Bibel drückt ihre Gebote alle im Futur aus.

mais la rythme de nostre poete sera volontaire, non forcée. (D. B. déf. II, 7).

bref elle sera telle que le vers tombant en icelle ne contentera mieux l'oreille qu' une bien amoureuse musique tombante en un bon et parfait accord. (D. B. déf. II, 7).

c. Modi.
α. Infinitiv und Gerundiv.

Da Infinitiv und Gerundiv für die Personen und Numeri keine Bezeichnung haben, so muss das Subject, das durch die Handlung des Infinitiv oder Gerundiv ausgedrückt ist, im Satze anderweitig ausgesprochen sein. Die Sprache des XVI. Jhds. verfuhr in dieser Hinsicht sehr frei.

a. das logische Subject konnte ganz weggelassen werden, in welchem Falle es unbestimmt war und dem deutschen „man" entsprach.

b. es wurde durch das Subject des verbum finitum ausgedrückt.

c. es war aus einem Pronomen zu entnehmen.

a. Tes passe-temps en aimant il faut prendre. (Rons., amours l, 132. Bd. I, p. 74).

il peut estre qu' une heure
Viendra sans y penser qui la rendra meilleur.
(Rons., élégie à son livre. Bd. I, p. 143).

Toutes lesquelles choses se peuvent autant exprimer en traduisant. (D. B. déf. I, 6).

Comme un amas bruyant de mouches engluees
Dans un onguent confit de senteurs emmusquees
Enyvré de parfum, gaste et corrompt l'odeur
Et fait comme un crousteau de mauvaise senteur
Sur la paste gommeuse: ainsi peu de folie
Fait sans y penser une fois en la vie
Gaste et perd de celuy le renom et l'odeur.
(R—B. disc. de la vanité, cap. X, Bd. III, p. 193).

Diese Verwendung entspricht genau dem Lateinischen: Summa voluptas in discendo capitur.

b. Que pleust à Dieu que de simples rousseaux
Je ne me fusse au col pendu des chalumeaux
Mais qu'en me façonnant comme soldat pratique
J'eusse appris à cresper le long bois d'une pique.
Le tout si bien poli qu'en voyant le jour
Se flechit doucement de la lèvre pressee.
(R—B. l. j. de la bergerie II, 155).

Wenn das Verbum finitum mit dem Infinitiv und dem Gerundiv gleiches Subject hat, so haben wir die gewöhnliche neufrz. Construction.

c. Mais de cent traits qu'un archerot vainqueur
Par une voye en mes yeux recelée
Sans y penser me ficha dans le cœur.
(Rons., amours Bd. I, 4).

Mais tout soudain je suis espouvanté
Car sa grandeur qui l'esprit me martyre,
Sans la chanter, arrière me retire
De cent fureurs brusquement tourmenté.
(Rons., amours l. Bd. I, p. 17).

Moi je ne veux qu' à ta grandeur offrir
Ce chaste cœur s'il te plaist de souffrir
Qu'en l'immolant il te serve.
(Rons., amours l. Bd. I, 59).

Sans y penser te surprendra.
> (Rons., pièces retranchées, l'amour oyseau I, 435).

Plume et l'apier me tombent de la main
Sans y penser.
> (Rons., les poëmes lion I, „la lyre". Bd. VI, p. 56).

Mon fier destin et vostre force extreme
En vous aimant me commandent que j'aime
L'heureux object du bien qui me tourmente.
> (D. B. Olive son. 20).

Seul et pensif par la deserte plaine
Resvant au bien qui me fait douloureux
Les longs baisers des colombs amoureux
Par leur plaisir firent croistre ma peine.
> (D. B. Olive son. 20).

Lorsque les membres lassez
En dormant sont delassez
Amour du beau traict qu'il porte
S'en vint heurter à ma porte.
> (R—B. odes d'Anacreon. Bd. I, 15).

Icy juste vouloir à demeurer m'induit
Car craindre ne fault point que la mort nous offense
Puis qu'en meilleure vie en mourant nous conduit.
> (R—B. I. j. de la bergerie, ép. de Claude de Lorraine. Bd. II, 59).

Mais dy-moy, je te prie, as-tu point souvenance
D'avoir eu quelquefois de mon arc cognoissance?
Et qu'en gardant tes bœufs je te rendis heureux?
> (R—B. I. j. de la bergerie „Vendangeurs". II, 84).

Sans y penser, ce gracieux propos nous desrobe la souvenance d'autres entreprises. (R—B. II. j. de la bergerie II, 84).

La Rose à l'Amour sacree
Entremeslons dans le vin
Rose à la fueille pourpree
Belle, douce, propre, à fin
D'en ourdir une couronne
Qui le front nous environne
Pour gayment rire sans fin.
> (R—B. odes d'Anacreon „la rose". I, 17).

Diese Beziehung auf ein im Zusammenhange der Rede angedeutetes Subject ist übrigens im Nfrz. nicht unerhört: Des pleurs en l'embrassant coulèrent de ses yeux. (Voltaire.) Doch ist die Neigung vorherschend, das Particip mit en auf das Subject der Rede zu beziehen. (cf. Mätzner, Syntax I, 349).

Sehr oft findet sich noch der substantivierte Infinitiv als Subject, Object oder Attribut des Satzes, verbunden mit dem Artikel (a), dem possessiven und demonstrativen Fürwort (b), einem qualitativen Adjectiv oder einer adverbialen Bestimmung (c). Du Bellay déf. II, 9 sagt über die Substantivierung des Infinitivs: „Use donc hardiment de l'infinitif pour le nom comme l'aller, le chanter, le vivre, le mourir."

a. De l'endurer lassé je ne suis pas. (Rons., amours I. Bd. I, p. 57).

comme est le voir, l'ouïr, le fleurer, le touscher, le gouster, l'engendrer, le digérer. (Rons., disc. des vertus intell. et morales. VIII, 157).

Donc imiterons-nous le vivre d'une beste? (D. B. les regrets son. 39, p. 222).

Pinceau à la pointe estouffée<br>
D'un poil choisi, pointe animee<br>
Au mouvoir des artistes dois<br>
Qui te manient sur le bois.<br>
(R—B. le pinceau. I, 73).<br>
Puis si l'aller te donne peine<br>
Il te promet une fontaine.<br>
(R—B. la Tortu. I, 86).<br>
Qui est cil qui vous fait paraistre<br>
Que c'est vergogne le porter,<br>
Clairement il se peut vanter<br>
Estre un grand sot, et fust-ce mesme<br>
Un Platon.   (R—B. les cornes. I, 96).

Hà condition fascheuse et trop estrange adventure!
Le demeurer me martyre et le fuir me passionne.
(R—B. I. j. de la bergerie II, 109).

Las! j'ay bien plus perdu, car le perdant, ma vie
J'ay perdu, malheureux par je ne sçay quelle envie
Le parler, le sentir, le toucher, et le voir.
(R—B. II. j. de la bergerie II, 298).<br>
Mais maintenant le penser mesme<br>
Me cause une douleur extreme.<br>
(R—B. à l'Amour I. 144.)

b.

Helas! où est ce doux parler<br>
Ce voir, cet ouyr, cet aller.<br>
(Rons., amours de Marie).<br>
Le grand Cerès qui ces mures environne<br>
A ton passer de beaux espics dorez<br>
Enceint le tour de sa riche couronne

>     Et par les champs de jaune colorez
>     Fait ondoyer sa chevelure blonde.
>         (D. B. prosphonématique au roy Henry II, p. 125).

c.
>     tu as fait ébranler
>     Le cœur des auditeurs par ton docte parler.
>         (Rons., épit. à Arnaut Sorbin. Bd. VII, p. 191).

Mais bien on le doit attribuer à l'ignorance de nos majeurs qui ayans en plus grande recommandation le bien faire que le bien dire et mieux aimans laisser à leur posterité. (D. B. déf. I, 3).

Le peu durer ne m'est estrange. (R—B. sur la maladie de sa maistresse I, 177).

>     Le sommeil n'est si doux sur l'herbe rosoyante
>     Aux bergers travaillez, ny la source ondoyante
>     D'un argentin ruisseau, pour leur soif allenter,
>     Que m'est doux et plaisant ton amoureux chanter.
>         (R—B. I. j. de la bergerie II, 33).

Das Gebiet des reinen Infinitiv ist bei der Plejade im Verhältniss zu Marot ganz bedeutend eingeschränkt.

dont si vous efforcez exprimer le naïf dans une autre langue.
>         (D. B. déf. I, 5).

la nature dont ils ont si bien parlé est mère de tous les autres et ne dedaigne point de se faire cognoistre à ceux qui procurent avec toute industrie entendre ces secrets non pour devenir Grecs mais pour estre faits philosophe. (D. B. déf. I, 10).

Et certes comme ce n'est chose vicieuse, mais grandement louable emprunter d'une langue estrangere. (D. B. déf. I, 8).

je commenceroy par la translation du quatriesme livre de l'Eneide qu'il n'est besoin recommander d'avantage. (D. B. épître au seign. Jean de Morel, p. 183).

>     Un jeune enfant portoit vendre
>     Amour fait de cire tendre.
>         (R—B. odes d'Anacréon I, 14).

>     Qui est cil qui vous fait paroistre
>     Que c'est vergogne le porter,
>     Clairement il se peut vanter
>     Estre un grand sot.
>         (R—B. les cornes I, 96).

>     Celuy qui docte se propose
>     Bastir aujourd'hui quelque chose
>     Est né sous un ciel malheureux.
>         (R—B. sur les recherches de Est. Pasquier. I, 183).

>     Le terme bref de nostre vie
>     Long espoir avoir nous defend.
>         (D. B. du retour du printemps, p. 112).

L'office doncques de l'orateur est de chacune chose proposée élegamment et copieusement parler. (D. B. déf. I, 5).
Or n'estant plus en sa puissance
Donner aux femmes la prudence
Que leur a elle presenté.
(R.-B. odes d'Anacréon I, 14).
Las! que dy-je mon cœur? à peine avons pouvoir
Vous et moy tant soit peu libre nous entrevoir
Tant y a dessus nous de fenestres ouvertes
Mais le feu d'Amour aussi vif que le mien
Eschaufoit vostre sang, vous auriez le moyen
Trouver et temps et lieu pour soulager nos pertes.
(R—B. à sa Maistresse I, 153).

Nach den Zeitwörtern des Sagens und Denkens und denen des Wollens, und nach unpersönlichen Ausdrücken steht bei der Plejade ein vollständiger Accusativus cum Infinitivo, genau, wie ihn das Lateinische bildet; diese Construction ist bei unseren Dichtern sehr beliebt und man kann Beispiele dafür auf jeder Seite finden.

Vraiment, Junon tu es assez vengée
De voir ainsi sa vie estre changez.
(Rons., amours I, elegie à Muret. Bd. I, p. 129).
S'il ne sent de son Dieu son ame estre saisie. (Rons., elegie I, au roy Henry III. Bd. IV, p. 215).
Car estimant estre chose civile
D'entretenir une Dame gentile.
(Rons., elegie 28. Bd. IV, p. 328).
Que pleust à Dieu le naturel d'un chacun estre aussi candide à louer les vertus comme diligent à observer les vices d'autruy.
(D. B. déf. II, 2).
Je n'estime pourtant nostre vulgaire tel qu'il est maintenant estre si vil et object. (D. B. déf. I, 4).
Si ne croiray-je un eternel sommeil
Devoir presser si louable entreprise.
(D. B. à Mme. Marguerite, p. 150).
Ne pensez doncques quelque diligence et industrie que vous puissiez faire en cest endroit faire tout que ... (D. B. I, 7).
si grandes choses qu'on doive estimer les yeux et la nature y avoir dépendu toute leur vertu, rigeur et industrie. (D. B. déf. I, 9).
et soutiens celuy de ne pouvoir faire œuvre excellent en son vulgaire qui. (D. B. déf. I, 11). (sustineo illum non posse qui).
Finablement j'estimeroy l'art pouvoir exprimer la vive energie de la nature. (D. B. déf. I, 11).

Je diroy à l'exemple des Stoïques qui interrogez si Zénon, si Cléante, si Chrysippe sont sages, respondent ceux-là certainement avoir esté grands et venerables, n'avoir eu toutefois ce qui est le plus excellent en la nature de l'homme. (D. B. déf. II, 2).

Au fond comme Demosthène respondit . . . . . de telles choses ne dépendre les fortunes de Grèce, aussi diroy-je... (D. B. déf. II, 2).

veu mesme que c'est chose accordée entre les plus sçavans, le naturel faire plus sans la doctrine que la doctrine sans le naturel. (D. B. déf. II, 3).

comme je te veux estre aliene de mal dire. (D. B. déf. II, 4).

 O que j'estime estre barbare
 Celuy qui de son gré s'esgare
 Loing de ses deux divinitez.
  (R—B. election de sa demeure I, 133).

Ne pensez ce present nouveau
Estre faict de plume d'oiseau.
  (R—B. 1. journée de la bergerie II, 119).

Aucuns disent estre les sœurs
De Phaëton qui de leurs pleurs
Firent ceste gomme paillette.
  (R—B. p. p. la pierre d'once. III, 133).

Mais enfin j'ay trouvé estre chose inutile. (R—B. disc. de la vanité III, 168).

Il n'est point blanc; son teint tu verras estre
Comme de feu. (Ant. de Baïf, p. 55).

Je soupire sans fin, sans fin je me lamente
Et je conoy mon mal tousjours s'empirer
Plus je pense amortir le feu qui me tourmente.
  (Baïf, amours de Francine IV, p. 161).

Eine Verbindung der Construction des Accus. c. Inf. mit dem Conjunctionalsatz zeigt sich in folgenden Sätzen:

Les rois et les princes devroyent avoir memoire de ce grand empereur qui vouloit plustost la venerable puissance des lois estre rompues que les œuvres de Virgile condamnees au feu par le testament de l'auteur fussent brulees. (D. B. déf. II, 5).

Nul ne doute point que les choses n'ayent premierement esté, puis apres les mots avoir esté inventez pour les signifier et par consequent aux nouvelles choses estre necessaire imposer nouveaux mots. (D. B. déf. II, 6).

Et je dy que ce retardement ne prouve point qu'elle ne puisse la revoir ainçois je dy qu'elle se pourra tenir certaine de la garder longuement et l'ayant acquise avecques si longue peine suivant la loy de nature qui a voulu que toute chose qui naist, florist et

fortifie bientost, bientost envieillisse et meure et au contraire
celuy durer par longues années qui a longuement travaillé à jeter ses
racines. (D. B. déf. I, 9).

   Est-ce pas une chose estrange
   Par un soudain et nouveau change
   Que les mauvais deviennent bons?
   Et puis par un siecle execrable
   Des bons la race abominable
   Suivre les perverses façons.
     (Baïf, les Mimes, p. 303).
   Qui croiroit que d'une brouee
   Naisse la cigale enrouee?
   D'un verd rampant les papillons?
   Ou d'une vase limoneuse
   S'armer une brigade huystreuse.
    (R—B. p. p., „le coral". III, 84).

### 2. Indicativ und Conjunctiv.

 Der Indicativ ist der Modus der Thatsache; er zeigt
die Existenz an oder das, was durch Sinne und das Bewusstsein als real verbürgt ist. Er steht in abhängigen
Sätzen nur nach Verben der Sinnesthätigkeiten, mittelst
deren wir die Existenz von etwas constatieren. Der Conjunctiv stellt als Modus der Ungewissheit dagegen Thun
und Geschehen als nicht existierend dar.

 Die Plejade hält sich im Allgemeinen schon an die für
das Nfrz. bestehenden Regeln über die Anwendung des
Indicativs und Conjunctivs. Die vorkommenden Abweichungen lassen sich als vom Dichter beabsichtigt erklären.
So findet sich in reinen Sätzen der Vorstellung nach croire,
penser, überhaupt den Verben des Sagens und Denkens
zuweilen, selbst wenn diese affirmativ gebraucht sind, der
Conjunctiv, um ausdrücklich hervorzuheben, dass der Nebensatz nur etwas Vorgestelltes, also keine Thatsache ausdrückt.

   Tu es un fat de croire
  Qu'un charme qui n'est rien, sur l'Amour ait victoire.
    (Rons., élégie IV, 345).
  aussi je croy qu' à un chacun sa langue puisse competemment
communiquer toute doctrine. (D. B. déf. I, 10).
  nous croyons que par eux seulement elles puissent et
doivent estre traictées. (D. B. déf. I, 10).

Mais je seroy bien d'avis qu'après les avoir apprises on ne desprisast la sienne. (D. B. déf. I, 11).

et si vous espérez que par ces fragmens recueillis elles puissent estre resuscitées, vous vous abusez. (D. B. déf. I, 11).

Quand à la rythme je suis bien d'opinion qu'elle soit riche. (D. B. déf. I, 11).

Je confesse que la fortune leur ait quelquefois esté plus favorable qu'à nous. (D. B. déf. II, 12).

In den von einem Superlativ abhängigen Relativsätzen findet sich der Indicativ, um eine Thatsache festzustellen, wie dies bei Commines (Stimming, Syntax des Commines, Zs. f. rom. Phil. I, 212) und noch bei Voiture vorkommt. (List, Syntact. Studien über Voiture, Altenburg, 1880, p. 14).

Entre autres nouveautez je vous conteray d'un miroir qu'il leur monstra, je m'asseure que vous confesserez que c'est le plus bel ouvrage et le mieux parfaict qui fut jamais veu. (R—B. I. j. de la bergerie II, 133).

Nach douter steht einige Mal der Indicativ, um das im Nebensatze Ausgesagte als unzweifelhafte Thatsache hinzustellen.

Je ne doute point que beaucoup .... trouveront mauvais de ce que j'ose si librement parler. (D. B. déf. II, 2).

Je ne fais doute que ceste trop longue chanson vous aura ennuyez. (R—B. I. j. de la bergerie II, 118).

Bei Remy Belleau findet sich einmal im Temporalsatz nach avant que der Indicativ, wo das Nfrz. den Conjunctiv verlangen würde.

  En ce fameux et bon vieil âge
  Avant que le fils eut partage
  Avec le pere et que les Dieux
  Vivoyent esgaux dedans les cieux
  Leur œil et leur main pitoyable
  De nostre race miserable
  Rechercha les inventions
  Pour adoucir nos passions.
    (R—B. la cerise à Ronsard I, 89).

Ebenso steht der Indicativ:

  Hà mon Dieu! je la voy, c'est elle
  Et possible est que la cruelle
  Par la peinture que je voy
  Parlera doucement à moy.
   (R—B. j. de la bergerie, portrait à sa Maistresse II, 117).

> Et semble que le voisinage,
> Ny le pays, ny l'amitié
> Ne peut rompre l'inimitié
> Qui se forge sous cet orage.
>   (R—B. II. j. de la bergerie, descr. du printemps II, 228).

Der Conjunctivus optativus kommt besonders bei Du Bellay oft vor, eine Anlehnung an das Lateinische. Das Nfrz. gebraucht ihn auch, aber nur in seltenen Fällen: Vive le roy; périssent les traîtres.

> Ainsi doncques te soyent toillees
> Les mains et tes fleches rouillees.
>   (R—B. à l'Amour I, 143).

Mais à fin que je retourne au commencement de ce propos, regarde nostre imitateur premierement ceux qu'il voudra imiter. (D. B. déf. II, 3).

Se compose doncques celuy qui voudra enrichir sa langue à l'imitation des meilleurs auteurs grecs et latins et à toutes leurs plus grandes vertus, comme à un certain but, dirige la point de son style. (D. B. déf. I, 8).

Mais entende celuy qui voudra imiter que ce n'est chose facile que de bien suivre les vertus d'un bon auteur. (D. B. déf. I, 8).

Ces equivoques doncques et ces simples rymez avecques leurs composez comme un baiser et abaiser, s'il ne changent ou augmentent grandement la signification de leurs simples, me soyent chassez bien loing. (D. B. déf. II, 7).

## 7. Participium Praesentis.

In der neufrz. Sprache ist das Particip praesens, wenn es nicht selbst zum Adjectiv geworden ist, unveränderlich; es erscheint dies auffallend, da es dem lateinischen Particip entspricht und die andern romanischen Sprachen die Congruenz desselben mit dem Substantiv kennen. (cf. Mätzner, Syntax I, 346).

Auch im Afrz. richtet sich das Particip nach seinem Beziehungswort. Das Provençalische jedoch hat von Anfang an ziemlich strenge den Unterschied zwischen dem flexiblen Participialadjectiv und dem Gerundium festgehalten. (cf. Mätzner, Syntax I, 346.)

Ueber keine Frage der Syntax gingen die Ansichten der franz. Grammatiker mehr auseinander, als hier. Besonders im XVI. Jhd., als die Neigung begann, die Unveränderlichkeit des Particips festzustellen, ist der Hauptstreit. Palsgrave 1531 in éclaircissement de la langue française, (ed. Génin, Paris 1857) p. 135, gesteht dem Particip das s des Plurals zu, nicht aber die feminine Endung. Robert Estienne 1557, und Jean Garnier 1558 (Livet, la grammaire franç. et les grammairiens au XVI$^{me}$ siècle, Paris 1859, p. 332 und 447) räumen ihm auch die Geschlechtsveränderungen ein. Diesen schliesst sich Schönermark (Beiträge zur Geschichte der franz. Sprache aus Rabelais' Werken. Progr. Breslau 1861) gestützt auf Beispiele aus Rabelais an. Vaugelas, „remarques sur la langue française" ed. A. Chassang, Paris 1880 II, 152, sagt zuerst in Bezug auf ayant und estant:

„Jamais ils ne sont participes quand ils font leur fonction de verbe auxiliaire et qu'ils sont joints à un autre verbe comme ayant été. Ils sont toujours gérondifs et par conséquent ils ne recoivent jamais d's et ne peuvent avoir de pluriel parce que les gérondifs sont indéclinables."

Dasselbe verlangt das Nfrz. in Bezug auf avoir und estre.

p. 154 sagt Vaugelas über das Particip der andern Verben, dass sie auf männliche Substantive bezogen, das Plural-s erhalten, dagegen in Bezug auf weibliche Substantive unverändert bleiben sollen. Die Akademie entschied sich für völlige Unveränderlichkeit des Particips. Das Fehlen der weiblichen Form bei Montaigne und das seltene Auftreten derselben bei Marot sprechen für Palsgrave's Ansicht.

Die Regel von der Unveränderlichkeit des Particips stellten zuerst Arnauld und Lancelot auf in der grammaire générale de Port-Royal 1660. Zwanzig Jahre später 1679 erklärte sich für dieselbe die Akademie. (cf. Schmitz 1. Supplement der Encyklopädie der philol. Studien der neueren Sprachen, Greifswald 1860, p. 42).

Bei Salluste Du Bartas und Voiture, wie schon bei Commines kommt die weibliche Form nicht vor; bei Marot ist sie sehr selten. Die Plejadendichter zeigen das

Plural-s sehr oft (a), sogar bei avoir (b), das feminine e aber nur selten (c).

 Ces deux yeux bruns, deux flambeaux de ma vie
Dessus les miens respandans leur clarté
Ont arresté ma jeune liberté
Pour la donner en prison asservie.
   (Rons., amours I. Bd. I, p. 15).

Quand ces beaux yeux jugeront que je meure
Avant mes jours me bannissans là bas.
   (Rons., amours I. Bd. I, 37).

L'une venant de France et l'autre de Piedmont
Se trouvans en cet autre.
   (Rons., éclogue Bd. IV, 40).

 Claudian est poète en quelques endroits comme au Ravissement de Proserpine: le reste de ses œuvres ne sont qu' histoires de son temps lequel comme les autres s'est plus estudié à l'enflure qu' à la gravité. Car voyans qu'ils ne pouvaient esgaler la majesté de Virgile, se sont trouvez à l'enflure et à je ne sçais quelle pointe et arjutie monstreuse estimans les vers estre les plus beaux ceux qui avoient le visage plus fardé de telle curiosité. (Rons., préf. de la Franciade).

 Les écritures et langages ont esté trouvé non par la conservation de nature . . . . mais seulement à nostre bien et utilité à fin que presens, absens, vifs et morts, manifestans l'un à l'autre le secret de nos cœurs, plus facilement parvenions à nostre propre felicité.
   (D. B. déf. I, 20).

Quelques autres venans de naistre
Avant qu'ils aillent rencontrant
Ce qui malheureux nous fait naistre
Sortent du monde en y entrant.
   (D. B. des misères et fortunes humaines).

Voix que ne feront point taire
Les siecles s'entresuyvans
Voix qui les hommes peut faire
A eux mesmes survivans.
   (D. B. des conditions du vray poete, p. 131).

Aussi les fils de la terre
Voulans écheller, les Dieux
Entassèrent jusqu'aux cieux
Pour combatre remparez
Et mieux faire leurs approches.
   (R—B. chant de triomphe I, 111).

Là tour à tour les saintes sœurs
Qu' ainsi comme Apollon leur guide

>Sous tes ravissantes douceurs
>Du long de l'onde qui se ride
>Tu conduis, cueillans des rameaux
>En leurs lauriers tousjours nouveaux.
>>(Baïf, poemes II à Jean Dorat, p. 39).
>
>Entre peu d'espace de tems
>Les fleurons des roses naissantes
>Diversement s'epanissantes
>Par compas se vont departans.
>>(Baïf, poemes IV, les roses, p. 44).
>
>Mais que sont aujourd'huy les plus grands conquerans
>Qui par force ont donté, rangeans sous leur puissance
>Les trois parts de la terre en serve obéissance?
>>(Baïf, poemes V, hymne de la paix, p. 51).
>
>il s'assirent un jour
>A l'ombre d'un peuplier et sonnans leurs musettes
>Là Jacquin et Toinet dirent ces chansonnettes
>Chacun de son amour decouvrant le souci.
>>(Baïf, les jeux, éclogues, les pastoureaux, p. 212).

b.
>Là viendront chaque année
>A ma feste ordonnee
>Avecques leurs taureaux
>Les pastoureaux;
>Puis ayans fait l'office
>Du Devot sacrifice
>Parlans à l'isle ainsi
>Diront ceci. (Rons. odes d'election de son sepulchre).

mais bien on le doit attribuer à l'ignorance de nos majeurs qui ayans en plus grande recommandation le bien faire que le bien dire.
>>(D. B. déf. I, 3).

Il tient de la main dextre une fourche à trois poinctes, de l'autre il guide et conduit ses chevaux marins galoppans à bouche ouverte ayans les piez dechiquetez et decoupez menu comme les nazeoires des poissons.
>>(R—B. I. j. de la bergerie II, 133).

c.
>Tant les champs sont foulez des troupeaux des Evantes
>Qui vont jusques au ciel les poudres elevantes.
>>(Rons., hymne. livre II. hymne S. Bd. V, p. 236).
>
>On a veu maintefois des flammeches lechantes
>Qu'on nomme des Ardans, flamboyer s'attachantes
>Aux piques des soudars . . . . (Baïf, poeme I, p. 13).
>
>En vain se deult et huche ses compagnes,
>Puis ça, puis là courante par les bois
>Va redoublant sa languissante voix.
>>(R—B. l. j. de la bergerie „la chasteté". Bd. II, p. 68).

> Qui n'a vu quelquefois à la chaleur ardante
> Les mouchettes à miel laisser leurs pavillons
> Et bruyantes par l'air à pointes d'aiguillons
> Se choquer, se mesler d'une fureur piquante.
>
> (R—B. I. j. de la bergerie II, 105).

„Wenn das Particip einen Nebensatz mit selbständigem Subject vertritt, das nicht als Object des Hauptverbs angesehen werden kann, so steht es als absolutes Particip im Accusativ und entspricht dem lateinischen Ablativus absolutus." Mätzner I, 351. Diese absolute Participialconstruction kommt im Afrz. schon vor. Auch das Nfrz. kennt sie ja: Vous savez que, moi regnant, aucune faute n'est impunie. (Lücking, frz. Grammatik, Berlin 1880, p. 290). Beispiele für unsere Schriftsteller sind:

> Voy les cheveux qui de leur place
> Sont tombez, restant seulement
> Un front pelé totalement.
>
> (R—B. excuse de sa vieillesse aux dames, I, 22).

> D'estre serf point ne me desplaist
> Mon cœur estant si bien qu'il est
> Cent fois plus doucement traitté
> En service qu'en liberté.
>
> (R—B. chansons II, Bd. I, 211).

> L'esperance et le desespoir
> Soit pour cil qui n'a le pouvoir
> Acquérir estant serviteur
> D'une maistresse la faveur.
>
> (R—B. chansons II. Bd. I, 212).

> O terre en qui j'ay pris naissance
> Terre qui ma premiere enfance
> Alaittas de ton cher tetin,
> Mais helas qui ne me fait guere
> Ny mere nourrice, ny mere
> Me trainant ailleurs le destin.
>
> (R. B. ode à Nogent I, 169).

## 2. Participium Perfecti.

Ueber die Congruenz des mit avoir verbundenen Particips mit dem vorausgehenden Accusativobject herschen gleichfalls bei den Grammatikern sehr verschiedene Ansichten.

Clement Marot fordert dieselbe in einem Epigramm an seine Schüler und nach ihm Ramus in seiner grammaire 1572. Marot sagt: (cf. Glauning p. 27)

    Enfans oyez une leçon
    Nostre langue ha ceste façon
    Que le terme qui va devant
    Volontiers regit le suivant
    Les vieux exemples je suivray
    Pour le mieux; car à dire vray
    La Chanson fut bien ordonnée
    Qui dit: „M 'Amour vous ay donnée",
    Et du bateau est estonné
    Qui dit: „M'Amour vous ay donné".
    Or prouveray par bons tesmoins
    Que tous pleuriers n 'en font pas moins
    Il faut dire en termes parfaits
    Dieu en ce monde nous „ha faits"
    Faut dire en parolles parfaites
    Dieu en ce monde „les ha faites",
    Et ne faut point dire, en effet,
    Dieu en ce monde les a fait,
    Ne „nous a fait" pareillement
    Mais „nous a faits" tout rondement.

Palsgrave p. 137 tritt dieser Ansicht bei, während Louis Meigret (Livet, la gram. p. 84) sie verwirft. Vaugelas I, 293 stellt 10 Beispiele auf, um die Veränderlichkeit zu demonstrieren.

    I. J'ay receu vos lettres.
    II. Les lettres que j'ay receües.
    III. Les habitans nous ont rendu maistres de la ville.
    IV. Le commerce l'a rendu puissante.
    V. Nous nous sommes rendus maistres.
    VI. Nous nous sommes rendus puissants.
    VII. La désobéissance s'est trouvé montré au plus haut point.
    VIII. Je l'ay fait peindre, je les ai fait peindre.
    IX. Elle s'est fait peindre, ils se sont faits peindre.
    X. C'est une fortification que j'ay appris à faire.

Doch auch Vaugelas' Regeln drangen nicht durch. Die Regeln, wie sie im Neufrz. bestehen, stellten zuerst Arnaut und Lancelot auf (cf. List, Synt. Studien zu Voiture p. 20).

Marot, Montaigne, Salluste Du Bartas und Voiture bieten noch Abweichungen, die sich aber theils aus dem Reim, theils anderweitig erklären lassen; im allgemeinen halten sie sich an die neufrz. Regeln. Merkwürdigerweise bindet sich Rabelais nicht an die Regeln.

Verstösse sind bei den Plejadendichtern sehr selten; sie behandeln das Particip fast durchweg, wie das Neufrz. es verlangt; wir können daher in unsern Beispielen sehr kurz verfahren, da die Beobachtungen bei unseren Dichtern nicht viel Neues bieten.

Voila la grande mechanceté que j'ay commis en nostre endroit. (D. B. lettre au card. Du Bellay p. 320).

Cependant cette lettre portera tesmoignage envers vous et envers tout le monde de mon innocence et de l'obéissance et servitude que e vous ay tousjours porté (D. B. lettre au card. Du Bellay p. 321).

La gloire qu'il n'a pas merité. (Rons., ode I, 15).

Umgekehrt:

>   Lors je dy: Tu es bien heureuse
>   Gentille alouette amoureuse
>   Qui n'as peur, ny soucy de rien,
>   Qui jamais n'as sentie
>   Les desdains d'une fiere amie.
>       (Rons., poemes diverses).

Eigenthümlich ist folgender Satz bei Du Bellay:

Et si nostre langue n'est si copieuse et riche que la grecque et latine, ne doit être imputé au defaut d'icelle . . . . . mais bien on le doit attribuer à l'ignorance de nos majeurs qui . . . . . se sont privez de la gloire de leurs bienfaits et **nous** du fruict de l'imitation d'iceux. D. B. def. I,3).

## II. Wortstellung.

Durch den zunehmenden Mangel an Flexionsformen verlor die frz. Sprache immer mehr die vom Lateinischen überkommene Freiheit in der Satz- und Wortstellung; so kam es, dass nach und nach das logische Princip den Sieg errang. Es besteht darin, dem bestimmenden Ausdruck im Satze den bestimmten folgen zu lassen, so dass sich die Anordnung als eine stufenweise absteigende darstellt. (Krüger, „Ueber die Wortstellung in der frz. Prosalitteratur des XIII. Jhds., Berlin 1876.)

Die Sprache des XVI. Jhds. steht in der Mitte zwischen der alten Ungebundenheit der Rede und den engen, stricten Regeln, die sich das Neufrz. in Bezug auf Wortstellung gesetzt hat.

Die Plejadendichter verfahren noch mit grosser Freiheit, was sich mit dem Zuge der Renaissance, mit der Anlehnung an das Vorbild des Lateinischen erklären lässt. Doch sind Schriftsteller, wie Marot, der kurz vor ihnen seine Hauptwerke schrieb, nicht weniger frei, während Montaigne am Ende des Jhds. dem neufrz. Gebrauch bedeutend näher steht.

### 1. Subject und Prädicat.

Inversion des Subjects hat im Nfrz. nur in äusserst seltenen, von der Grammatik fest geregelten Fällen statt. Im Afrz. konnte sie nach Belieben eintreten. (cf. Krüger, p. 36).

Bei der Plejade tritt die Inversion des Subjects gerne ein, wenn der Satz mit der copulativen Partikel et, mit aussi oder si als affirmativer Copula (a), oder mit einem Complement (b) beginnt.

a. Si sçais-je bien que c'est un puissant Dieu.
(Rons., amours I, 50. Bd. I, 30).
Mais si faut-il que vostre bonté pense,
Que .... (Rons., amours I, 117. Bd. I, 66).
Si ne voy-je personne qui.
(Rons., élégie à Guill. des Autel. Bd. VII, p. 40).

L'honneur nourrit les arts, nous sommes tous par la gloire enflammez à l'estude des sciences et ne s'eslevent jamais les choses qu'on voit estre desprisée de tous. (D. B. déf. II, 5).

Quelques uns se plaignent de quoy je blasme les traductions poetiques en nostre langue, dont ils ne sont (disent-ils) illustrateurs ny gagez, ny renommez: Aussi ne suis-je. (D. B. Olive).

La bataille cessoit et modéroit chacun son ire. (D. B. déf. II, 8).

Et quand la gloire seule, non l'amour de la vertu, nous devroit induire aux actes vertueux, si ne voy-je pourtant que. (D. B. déf. II, 12).

Petrarque semblablement et Boccace, combien qu'ils aient beaucoup escrit en latin, si est-ce que cela n'eust esté suffisant pour leur donner ce grand honneur. (D. B. déf. II, 12).

S'il y a quelques fautes en mes escrits, aussi ne sont tous les autres parfaits. (D. B. Olive).

Las! tes autres aigneaux n'ont faute de pasture,
Ils ne craignent le loup, le vent, ny la froidure
Si ne suis-je pourtant le pire du troppeau.
(D. B. les regrets son. IX, p. 207).

Aussi ne veux-je tant les peigner et friser.
(D. B. les regrets, p. 202).

Si ne croiray-je un eternel sommeil
Devoir presser si louable entreprise.
(D. B. à Mme. Marguerite).

Or sus il faut qu'il repose
Ceste nuit avecques moy
Pren cela contente toy
Mais si faut-il que ta flamme . . . .
(R. B. d'un image d'amour fait en cire I, 21).

Il a des yeux et ne peut nostre offense
Estre cachée à sa grand' providence.
(R—B. prière à Dieu I, 138).

Le ciel en rit, la prée et le bocage
Et semble encore la naïade en ses flots
Trepignotant dancer au doux ramage.
(Baïf, amour de Francine, p. 152).

La rose incarnate est celle
Où je pren plus de plaisir

> Mais bien qu'elle soit telle
> Si la veu-je bien choisir.
>> (Baïf, les passetemps, „la rose", p. 253).
> Puis il dira que les orages
> Ne viennent jamais que de moy
> Si diray-je tout par ma foy.
>> (R B. la reconnue acte II, sc. V, Bd. III, p. 303).

b. Ne pensez doncques imitateur, troupeau servil, parvenir au point de leur excellence veu qu'à grand' peine avez-vous appris leurs mots. (D. B. déf. I, 11).

Et de ce que je dy font bonne preuve Cicéron et Virgile. (D. B. déf. I, 7).

Umgekehrt findet sich bei Ronsard nach peut-être die gerade Wortstellung, wo die heutige Sprache die Inversion verlangt.

> Peut-estre je diray des mots que tu ne penses. (Rons., discours, Bd. VII, p. 105).

Das frz. dont geht im Neufrz. dem Subject voraus und weist das Object hinter das Verb. (Diez, Gr. III, 432). Die Plejade gebraucht hier manchmal die im deutschen übliche Construction, indem sie das Object hinter dont setzt und dann erst Subject und Prädicat folgen lässt.

> Morel dont le sçavoir sur tout autre je prise.
>> (D. B. les regrets, son. 60, p. 233).
> la prairie
> Dont ayant son giron remply
> Elle d'un tortueux reply
> Façonne une belle couronne
> Dont son beau chef environne.
>> (D. B. jeux rust. à Olivier de Magny, p. 276).
> Je vy sacrer son fils roy daufin paravant
> Dont les noces je chante.
>> (Baïf, poemes livre VII, le mariage de François roy daufin et de Marie reine d'Escosse, p. 60).

In Fragesätzen ohne Fragewort gebraucht die Plejade die neufrz. Construction, indem sie das Substantiv voranstellt und dem Verb durch das persönliche Fürwort ein grammatisches Subject beigesellt. Doch findet sich bei Du Bellay noch:

> Sera toujours Roland par amour furieux?
>> (D. B. les regrets, p. 214).

In der Anordnung der prädicativen Satzglieder zeigt die Plejade die volle Ungebundenheit der altfrz. Sprache und unterscheidet sich dadurch wesentlich von dem wenige Jahrzehnte später schreibenden Montaigne.

Wenn das Prädicat aus mehreren Bestandtheilen zusammengesetzt ist, so kann das Particip dem Hilfszeitwort (a), das Prädicatsnomen dem Verb (b) vorangehen, oder das Hilfszeitwort wird vom Particip durch andre Redetheile getrennt (c).

a. Le fier destin l'engrava dans mon âme
Que vif ne mort, jamais d'une autre dame
Empreint au cœur je n'aurai le portrait.
(Rons., amours I, son. 2, Bd. I, 3).
De l'endurer lassé je ne suis pas.
(Rons., amours I, Bd. I., p. 57).
Et moy (si la douce folie
Ne me deçoit) je te promets
Loyre que ta lyre abolie,
Si je vy, ne sera jamais.
(D. B. à Mme. Marguerite d'escrire en sa langue).
Sa vertu n'est incitée
Aux biens que nous admirons
Et la mer sollicitée
N'est point de ses avirons.
(D. B. des conditions du vray poete, p. 131).
Or quant à moy je ne sçay pas
Si mes cheveux tombez en bas
Soyent ou non.
(R. B. odes d'Anacréon 12, Bd. I, p. 22).
Mais, mais, ny le dancer, ny des amis la bande,
Ny le lut, ny les chams, consolé ne m'ont pas.
(Baïf., amours de Francine IV, 162).

b. En ma faveur pour esclave te rendre
Un camp armé d'Aulide ne départ.
(Rons., amours I, Bd. I, p. 4).
Entre les Dieux, Dieu je ne voudrois estre.
(Rons., amours I, Bd. I, p. 7).
Et le debat immortel eust été
Sans Jupiter qui fit faire silence.
(Rons., amours I, Bd. I, p. 41).
Depuis Adam desireux nous en sommes
Tousjours la grace en a dedans la main
Et bref, l'Amour n'est qu'un beau jeu de pommes.
(Rons., amours I, Bd. I, p. 80).

Pourquoy veux-tu que vif je redevienne.
              (Rons., amours I, Bd. I, p. 119).
  Veux-tu son medecin estre.
              (Rons., odes livre I, ode XX, Bd. II, 283.)
  Pourquoy en auroit-il ennuy
  Puis qu' immortels ainsi que luy
  Sont les biens où son cœur il fiche.
              (D. B. contre les avaricieux, p. 130).
  A fin de parfaite la rendre
  Si bien qu'il n'y ait que reprendre.
        (R--B. I, j. de la bergerie „portr. de sa Maistresse" II, 117).
  Tout que vainqueur devient.
              (R—B. I, j. de la bergerie II, 105).
  Il porte deux cornes sur le front
  Cornes à poinctes d'or qui terrible le font.
              (R—B. appar. celestes, le toreau III, 245).
c.        car tout ce qui est né
  Est pour mourir un jour predestiné.
              (Rons., épit. de Loyse de Mailly, Bd. VII, p. 231).
  L'honneur nourrit les arts, nous sommes tous par la gloire
enflammez à l'estude des sciences, et ne s'eslevent jamais les choses
qu'on voit estre desprisées de tous. (D. B. déf. II, 5).
  Or s'aucune est déja de tant d'honneurs comblee
  Que . . . . (Baïf., poemes IV, p. 42).

## 2. Adverbiale Satzglieder.

Das nähere Object hat bei den Dichtern der Plejade noch keinen bestimmten Platz im Satze, im Neufrz. steht es stets hinter dem Verb, wenn es nicht besonders hervorgehoben werden soll, oder Personal-, Relativ- oder Interrogativ-Pronomen ist. Die Plejade setzt es häufig vor das Verb, ohne es beim Verb durch ein pleonastisches Pronomen zu wiederholen (a); auch der Infinitiv als Accusativobject kann vor das Verbum treten (b).

Im ganzen ist das Verhältniss folgendes:
Bei Ronsard steht unter 100 Fällen das nähere Object noch
              18 mal vor dem Verb,
„ Du Bellay    . 19 mal „    „    „
„ R. Belleau   . . 7 mal „    „    „
„ Ant. de Baïf . 24 mal „    „    „
„ Est. Jodelle . 17 mal „    „    „

a. De l'avaller je ne me puis lasser
Tant le plaisir d'un variant penser
Mon appetit nuit et jour fait renaistre.
(Rons., amours I, Bd. I, p. 7).

c'est la loi de nature
Celuy qui fait du mal que du mal il endure.
(Rons., le bocage royal, Bd. III, 388).

Les fruicts qui les beautez nourrissent
Ne laissez en l'arbre secher.
(D. B. descr. de la corne d'abondance p. 97).

Des vents esmeus la rage impetueuse
Un voile noir estendoit par les cieux.
(D. B. l'Olive son. III.)

Si le pinceau pouvoit monstrer aux yeux
Ce que ciel, les dieux et la nature
Ont peint en vous, plus vivante peinture
Ne visent oncqu' de Grecs les ayeux.
(D. B. Olive son. XVI).

D'en ourdir une couronne
Qui le front nous environne.
(R—B. odes d'Anacr. la Rose I, p. 17).

Et surtout à ceux qui les traces
Suyvent des vertus et des graces.
(R—B. sur l'importunité d'une cloche I, 174).

Et que sa grace il luy donne
Chassant de luy tant mechef.
(R—B. I j. de la bergerie II, 144).

Cy gist travail qui de son maistre
Fut aime ce qu'il pouvoit estre
Travail qui son bon maistre aimoit.
(R B. II, j. de la bergerie II, 316).

qui les cœurs enserre. (R B. p. préc. III, 107).

Quand il eut dit une pierre il amene
Au seuil de l'huis et la dresse à grand' peine:
Monta dessus et la corde attacha
A un crampon que bien haut il ficha
D'un nœud coulant son gosier il enserre
Puis de ses pieds il rejette la pierre
Et se debat demeurant là pendu
Tant qu'à fin l'esprit il a rendu.
(Baif, poëmes III, p. 37).

O charme doux qui tout ennuy repousse.
(Baif, amours de Meline livre I, p. 100).

b. Les fruicts qui les beautez nourrissent
Ne laissez en l'arbre secher
Cueillir les faut quand ils meurissent.
> (D. B. descr. de la corne d'abondance, p. 97).

O ame heureuse, ô si là haut d'icy
Jusques à vous monte quelque soucy
Pren bien à gré ces pleurs et vrais ennuis
Le seul presens que donner je te puis.
> (Baïf, complainte de la reine de Navarre, p. 54).

Tu le peux seule, mort si celle ne le veut
Qui vit de me tuer et qui vit de ma plainte
Et qui guerir mon mal mieux que toy seule peut.
> (Baïf, amours de Francine IV, p. 161).

Puis quand les retirer de la curée il faut.
> (Jamyn CXL, poeme de la chasse au roy Charles IX, p. 168).

Seulement je te veux dire
Que je n'ouvre point en cire
Et qu' habiter je ne veux
Avec Amour outrageux
Et jaloux de toute chose.
> (R—B. odes d'Anacréon I, p. 21).

Bei den zusammengesetzten Zeiten können die Accusativobjecte ganz beliebige Stellung einnehmen. Sehr oft sind sie von dem Particip durch andre Satzglieder getrennt.

Le fier destin l'engrave dans mon âme
Que vif ne mort, jamais d'une autre dame
Empreint au cœur je n'aurai le portrait.
> (Rons., amours I, Bd. I, p. 33).

Car par vous entra le trait
Qui m'a la fièvre causée.
> (Rons., odes livre IV, Bd. II, p. 283).

Encores la poutre Pelienne
N'avoit la frayeur Oceanne
Dédaigné, ny la toile aux flots
N'aux vents n'avoit tourné le dos
Sans toy Pallas qui la première
Franchas l'eschine marinière.
> (R—B. la cerise I, 89).

ils eussent les marbres enchantez.
> (R—B. son. 10, Bd. I, p. 159).

qui m'ont l'ame ravie. (R—B. II, 169).

Et se debat demeurant là pendu
Tant qu' à la fin l'esprit il a rendu.
> (Baïf, poemes III, p. 37).

Les monstres qui la France avoient toute embrassée.
(Jamyn, son. VII au roy Henry III, p. 41).

Beim präpositionalen Infinitiv treten gerne Adverbien, Objecte etc. zwischen die Präposition und den Infinitiv.

Astyanax qui paresseux consomme
Son âge en vain sur le bord estranger
Sans du malheur les Troyens revanger.
(Rons., la Franciade livre I, Bd. III, p. 59).
Le premier soin vous le devez donner
A la beauté de l'esprit façonner.
(D. B. traduction d'Ovide, p. 161).
Tout mon boire et mon manger
Ce sont pleurs: soy alteree
Tu ne pais que de rosee
Pour faim et soif alleger.
(R B. II. j. de la bergerie „la cigale". II, 310).
Ange Vergece, grec, à la gentile main
Pour l'écriture grecque, écrivain ordonné
De vos grand pere et pere et le vostre ulsalère
Pour à l'accent des Grecs ma parole dresser
Et ma main sur le trac de la lettre adresser.
(Baïf, au roy, p. 3).
Je t'ay monstré comment il te faut entreprendre
Pour en vain sans plaisir ton âge ne despendre.
(Jamyn, son. XLIII, p. 77).

Die Stellung der Pronomina ist auch schon bei den Plejadendichtern geregelt. Treffen zwei persönliche Fürwörter als Accusativ und Dativ zusammen, so nimmt im Nfrz. der Dativ ausser lui und leur die erste Stelle ein. Bei der Plejade kommt es noch vor, dass in altfrz. Weise gegen diese Regel verstossen wird.

aussi n'avoit aucun loi ou privilege de le me defendre.
(D. B. Olive au lecteur).

J'ay bien osé lui donner jour sous vostre nom et le vous presenter. R B. lettres à Mr. Lorraine).

Steht ein verbum finitum in Verbindung mit einem Infinitiv, so stellt das Nfrz. meist die von dem Infinitiv abhängigen persönlichen Fürwörter unmittelbar vor diesen. (Diez, Gr. III, 435) mit Ausnahme bei faire, laisser, entendre, voir und sentir. Die Plejade kennt diese Regel noch nicht;

sie setzt die Pronomina nach Belieben vor das Verbum finitum oder den Infinitiv.

Im Afrz. stand das persönliche Pronomen vor dem Verb aller, wenn es mit einem Gerundium verbunden ist. (cf. Krüger I c, 21). Im Nfrz. würde auch hier das Pronomen vor dem Particip stehen. Die Plejade setzt die Pronomina in der Mehrzahl der Fälle vor das Particip, doch kommen noch viele Stellen vor, in denen es vor dem Verb der Bewegung steht. Man kann ihr Verfahren als eine Zwischenstellung zwischen Alt- und Neufrz. bezeichnen.

Puisque je n'ay pour faire ma retraite
Du labyrinth qui me va seduisant.
(Rons., amours I. Bd. I, 94).
Puis se va mocquant de moy.
(R—B. odes d'Anacréon Bd. I, 16).
celuy qui le va redoutant.
(R—B. disc. de la vanité Bd. III, 189).
Les dames des chapelets
Leur vont tissant de fleurettes.
(Baïf, amours de Meline, p. 115).
Par compas se vont departans.
(Baïf, poemes IV, p. 44).
Le sac et gast le va foulant.
(Baïf, poemes IX à son livre, p. 89).

Heutzutage muss das auf das substantivische Demonstrativ celuy folgende Relativ qui und que demselben möglichst nahe gestellt werden; meist folgt es ihm direct. Die Plejade behandelt das Demonstrativ wie das lateinische ille und lässt das Relativ an beliebiger Stelle folgen, indem sie beliebige Redetheile einschiebt in altfrz. Weise.

Celuy fut ennemy des deitez puissantes
Et cruel viola de nature les lois
Qui le premier rompit le silence des bois.
(Rons., son. le vers d'Eurymedon et de Calhirce Bd. I, 264).
celuy durer par longues années qui a longuement travaillé à jetter ses racines. (D. B. déf. I, 9).
Ainsi peu de folie
Faite sans y penser une fois dans la vie
Gaste et perd de celuy le renom et l'odeur
De sage auparavant qui remportoit l'honneur.
(R—B. disc. de la vanité, Bd. III. 194).

Celuy est presque dieu qui cognoist toutes choses
Eloigné du vulgaire et loin des courtisans.
(Rons., poesies pour Helene, elegie).
Celuy ressemble en tout qui mesdit de son proche
Au serpent recelé dans le creux d'une roche
Qui mord coy sans siffler.
(R— B. disc. de la vanité cap. X. Bd. III, 194).
et par consequent celles langues et celles escritures devroient
plus estre en usage lesqueles on apprendroit plus facilement.
(D. B. déf. I, 10).

Endlich findet sich bei der Plejade, wie bei Marot noch die Voranstellung der Füllwörter vor die Negationspartikel, eine Erscheinung, die schon bei Montaigne nicht mehr zu belegen ist.

Ces roses plus ne rougiront
Et ces lis plus ne blanchiront.
(D. B. jeux rustiques „sur un chappelet de roses", p. 287).

Le tyrse rien ne me vaut.
(R—B. odes d'Anacréon ode 39. Bd. I, p. 41).

## 3. Attributive Satzglieder.

Im Afrz. steht das attributive im Genitiv stehende Substantiv seinem Beziehungsworte oft voran. Das Nfrz. stellt es gewöhnlich nach; Ausnahmen sind nur in der Poesie gestattet beim partitiven Genitiv. (cf. Mätzner, Syntax II, 387).

Die Plejade zeigt eine grosse Vorliebe für die Voranstellung, wie das Lateinische, obwohl dieses auch schon hinsichtlich der verschiedenen Klassen des Genitiv einen Unterschied in der Inversion machte. (cf. Mätzner, II, 386).

Wie im Afrz. schalten auch die Plejadendichter öfters zwischen das Attribut und das Beziehungswort einen Thätigkeitsbegriff ein, eine Sperrung, die in allen romanischen Mundarten gebräuchlich ist.

a. Urbain qui grave admonestoit
Les Rois chrestiens de faire au Sarrassins la guerre
Et de Hierusalem le sainct royaume acquerre.
(Rons. les poemes livre I, la Harangue. Bd. VI, p. 30).

Soit que j'admire ou ses yeux, mes seigneurs,
Ou de son front la grace et les honneurs
Ou le vermeil de sa livre jumelle.
        (Rons., amours I, 49. Bd. I, 29).
Je cognoy des astres la puissance.
        (Rons., amours I, Bd. I, p. 30).
Pour de Ceres les presens y semer.
        (Rons., odes livre III. Bd. II, 223).
Et cruel viola de nature les lois.
        (Rons., les vers d'Eurymedon II, 264).
   plus vivante peinture
Ne visent oncq' de Grecs les ayeux.
        (D. B. Olive son. XVI).
Adieu la source qui recrée
De Phœbus la tourbe sacrée. (D. B. l'adieu aux muses).
Et verseroy de pleurs un tel orage.
        (D. B. amours, p. 188).
De la faim l'importune suite.
        (D. B. l'adieu aux muses).
Adieu des plus riches fleurs
Et la grace et les odeurs.
        (R—B. de la perte d'un baiser I, 180).
Du François eschaffant le sujet lamentable.
        (R—B. son. à R. Garnier I, 205).
Pour passer sous muet silence
De leur beauté la souvenance.
        (R— B. sur la maladie de sa Maistresse I, 178).
J'alloy voir des Muses la dance. (Baïf, à Jean Dorat, p. 39).
  Si des sœurs la bande mignarde
Donne faveur à nostre enfance.
        (Baïf, à Joach. Thibaut de Courville, p. 74).
Et qui m'as mis au cœur de mon mal l'oubliance.
        (Baïf, amours de Francine II, 141).

b.     et qui seul veid combien
De sa beauté divine estoit l'idée.
        (Rons., amours I, 90. Bd. I, 52).
  à fin de mieux pouvoir
En leur grandeur la grandeur concevoir
Du simulacre où ma vie est enclose.
        (Rons., amours I, Bd. I., p. 52).
Quel plaisir est-ce, ainçois quelle merveille
Quand ses cheveux troussez dessus l'oreille
D'une Venus imitent la façon.
        (Rons., amours I, 93. Bd. I, 54).

Avoir d'un indomté courage
De Neron mesprisé la rage.
(Rons., hymne à St. Gervais. Bd. V, p. 267).
Mesmes tandis qu'au ciel tu fiches ton esprit
Des astres remarquant le cours et la puissance.
(Baïf., amours de Francine p. 139).

Für die Stellung der Adjectiva und adjectiv. Participia, denen das Nfrz. bestimmten Platz im Satze angewiesen hat, lassen sich bei der Plejade noch keine Regeln aufstellen. Doch scheint im Allgemeinen die Voranstellung beliebter gewesen zu sein. Im Nfrz. stehen bekanntlich die Participien nach dem Substantiv, wenn sie nicht das Wesen desselben ändern.

Bei der Plejade finden sich Adjectiva, die eine Farbe bezeichnen im unbildlichen Sinne (a), oder die eine Nation bezeichnen (b), ferner alle Participien (c) dem Substantiv, zu dem sie gehören, vorangestellt. Sogar mehrere verbundene Adjective und solche, welche eine nähere Bestimmung bei sich haben, finden sich vor dem Substantiv (d).

a.     Si bien que le sang qui couloit
De son visage et qui rouloit
Le long de sa blanche poitrine.
(R—B. de la blessure d'Amour I, 149).
Qui pend sur ta blanche poitrine.
(R—B. odes d'Anacréon 21, Bd. I, p. 28).
On quand elle te cachoit
Entre ses blanches mamelles.
(Baïf, amours de Meline I, p. 108).
Montre mignarde inhumaine
Tes sourcis de noir ebene.
(Baïf, amours de Meline II, p. 109).

b.     Si l'escrivain de la Gregeoise armee
Eust veu tes yeux. (Rons., amours I, Bd. I, 50).
Les pieds vengeurs de la Grecque Minerve.
(Rons., amours I, Bd. I, 54).

Dans la gauloise nation. (Rons., odes I. Bd. II, 32).
De la françoise jeunesse. (Rons., odes à Charles d'Orléans. Bd. II, 194).
Les traicts ailez de la françoise gloire. (D. B. Olive son. XIV).
Enfonce l'arc du vieil thebaïn archer. (D. B. Olive son. XIV).
sur la françoise scène. (Baïf, amours de Meline I, p. 108).

c. Bei Ronsard stehen unter 100 Participien des Präsens 39 vor dem Substantiv.
>d'un variant penser. (Rons., amours I. Bd. I, 7).
>la ronsoyante Aurore. (Rons., amours I. Bd. I, 54).
>Ne verse point de l'eau sur ma bouillante flamme. (Rons., son. pour Helene. Bd. I, p. 314).
>La puante ame il embla. (Rons., ode VII. Bd. II, p. 60).
>>Puis leurs picquantes douceurs
>>Ravissant les beaux esprits
>>Qui d'elles se sont épris
>>Mais mon ame n'est ravie
>>Que d'une bruslante envie.
>>>(Rons., odes XII, livre I. Bd. II, p. 106).
>>plus vivante peinture
>>Ne visent oncq' de Grecs les ayeux. (D. B. Olive son. XVI).
>le mordant Hyver ne lui soit outrageux. (R—B. disc. de la vanité, cap. IV. Bd. III, p. 179).
>de bruslante avarice. (R—B. disc. de la vanité. Bd. III, p. 183).
>leur riante verdure. (Baïf, amours de Francine I, p. 119).
>les changeantes humeurs. (Jamyn, son. XIX, p. 53).
>mon forcé courage. (Rons., amours II. Bd. I, p. 203).
>je m'asseure tant de ton accoustumé honnesteté. (Rons., au lecteur. Bd. II, 10).
>l'invoqué Mercure. (Rons., odes livre III. Bd. II, 224).
>Son asseuré courage. (Rons., odes livre IV. Bd. II, 248).
>>Avoir d'un indomté courage
>>De Neron mesprisé la rage.
>>>(Rons., hymne à St. Gervais. Bd. V, 267).
>à la ruinée fabrique de ces langues. (D. B. déf. I, 11).
>le modéré usage. (D. B. déf. II, 6).
>avec ceste accoustumé bonté. (D. B. à Mr. le cardinal Du Bellay).
>son desiré fils. (D. B. prosphonématique au roy Henry, p. 125).
>Aux yeux des maltraitez amans. (R—B. p. préc. la pierre inextinguible III, 144).
>le débordé ravage. (Jamyn, son. 78, p. 112).
>d. le bien disant Baïf. (Rons., amours I. Bd. I, 51).
>les haut-tonnans chevaux. (Rons., amours II. Bd. I, 201).
>>Et tels qu'on voit au milieu de l'esté
>>Sous la plus vive et bruslante clarté.
>>>(Rons., la Franciade livre II. Bd. III, 109).
>Toutefois ce tant lonable labeur. (D. B. déf. I, 5).
>et ceste non moins admirable que pernicieuse foudre d'artillerie avec tant autres non antiques inventions. (D. B. déf. I, 9).
>les mieux fleurantes fleurs. (R- B. son. au sieur Salamon).

# III. Auslassung und Stellvertretung.

### 1. Artikel.

Wie vom XIII. Jhd. an und noch bei Marot und Montaigne wird von der Plejade der Artikel oder das possessive Fürwort auf mehrere Substantive bezogen, selbst wenn diese verschiedenen Geschlechts sind. Im Afrz. vor dem XIII. Jhd. werden Artikel und possessives Pronomen ohne Ausnahme bei coordinierten Substantiven wiederholt. (cf. Klatt, Wiederhol. und Ausl. gewisser Form- und Bestimmungswörter in der frz. Prosa des XIII. Jhd. Kiel, 1878, p. 16 und Hirschberg, Ausl. und Stellvertretung im Afrz. Göttingen, 1878, p. 16 u. 17). Im Nfrz. wiederholt man sie, insofern man die Einzelbegriffe gesondert zur Anschauung bringen und nicht zu einem Gesammtbegriff zusammenfassen will, was vorzüglich dann geschieht, wenn die Begriffe nicht synonym und hinsichtlich des Geschlechts und der Zahl verschieden sind. (Mätzner, Syntax I. § 282).

Bei der Plejade werden sie häufig ausgelassen:
Vostre vertu et faveur ne font qu'une. (Rons. à Mr. Brulard. Bd. V, 344).
toutefois ils sçavent garder de nature une amitié et société. (Rons., disc. des vertus intellect. et morales. Bd. VIII, 159).
ses effects et opérations. (ibidem p. 160).
    O dieu comme ton nom
    S'épand par tout le monde
    Ainsi l'honneur et los par toi bien merité
    Remplit toute la terre. (Baïf, les psaumes XLVIII, p. 335).
un commun vouloir et consentement. (D. B. déf. I, 1).
au seul artifice et industrie des hommes. (D. B. déf. I, 1).
mais toute leur vertu est née au monde du vouloir et arbitre des mortels. (D. B. déf. I, 1).

c'est pour signifier entre nous les conceptions et intelligence
de l'esprit. (D. B. déf. I, 1).
de toutes les lettres et erudition. (D. B. déf. 1, 1).
estant la fin et corruption de l'un, le commencement et
generation de l'autre. (D. B. déf. I, 9).
traicter l'ornement et lumière de sa langue. (D. B. déf. I, 10).
c'est chose très-certaine que les changemens d'empires,
diversité des Republiques, de langues, de mœurs, guerres et seditions
populaires ont esté première occasion qu'un nombre infiny de livres ne
sont venus. (R- B. au seigneur Gassot. Bd. I, 3).
 Mieux je ne puis au monde faire croire
 Vos faits guerriers que par l'ayde et faveur
 De ce grand Dieu. (R- B. son. au roy Charles IX. I, 206).

Hinsichtlich der Wiederholung von Präpositionen bei
aneinandergereihten Begriffen herscht im Nfrz. wie in den
meisten Sprachen grosse Freiheit, die darauf beruht, dass
man ein Interesse daran haben kann, die Begriffe einzeln
und gesondert ins Bewusstsein treten zu lassen oder sie in
einer Gesammtvorstellung zusammenzufassen. (Mätzner,
Syntax I, p. 311). Bei beigeordneten Substantiven und
Infinitiven werden die Präpositionen im Afrz. wiederholt.
(Klatt, p. 19 und Hirschberg p. 9).

Bei der Plejade bleiben sie nach Belieben weg, oder
werden gesetzt, ohne dass damit ein bestimmter Zweck verfolgt
würde.
 Si l'honneur de porter deux sceptres en la main
 Commander aux François et au peuple germain . . .
  (Rons., le bocage royal. III, 276).
Je confesse que les auteurs d'icelles nous ont surmontez en sçavoir
et faconde. (D. B. déf. I, 9).
Qui eust gardé nos ancestres de varier toutes les parties declinables,
d'allonger une syllabe et accourcir l'autre et en faire
des pieds ou des mains. (D. B. déf. I, 9).
 Mieux je ne puis au monde faire croire
 Vos faits guerriers que par l'ayde et faveur
 De ce grand Dieu qui . . .
  (R—B. son. au roy Charles IX. I, 206).
 Par l'une et l'autre main le Serpent s'entortille
 Et se glisse en roulant.
  (R—B. apparences celestes d'Arat. III, 240).
 l'ornant d'honneur et gloire grande.
  (Baïf, les psaumes. VIII. p. 325).

    Car ce los un chacun me donne
    De celer ce qu'il faut celer
    Et parler quand il faut parler.
     (Baïf, les jeux „le brave", p. 220).
    Qui alors que je voudrois rire
    Voudroit danser, me venant dire
    De rage et depit transportée.
     (Baïf, les jeux „le brave", p. 222).

Auch die Kasuspräpositionen werden im XIII. Jhd. stets wiederholt, ebenso im Nfrz. bei aneinandergereihten Begriffen. (cf. Mätzner II, p. 313). Die Plejade lässt sie häufig aus.

 au seul artifice et industrie des hommes. (D. B. déf. I, 1).
 du vouloir et arbitre des mortels. (D. B. déf. I, 1).
 de toutes les lettres et erudition. (D. B. déf. I, 1).
 en tant que la propriété de l'une et l'autre langue le voudra permettre. (D. B. déf. II, 9).

## 2. Pronomina.

Die Auslassung der verbundenen persönlichen Fürwörter, die im Afrz. bei noch stark ausgeprägten Flexionsendungen sehr geläufig war, beginnt im XVI. Jhd. immer mehr zu schwinden. Doch zeigt die Plejade noch volle Freiheit in Bezug auf Setzung und Auslassung (a). Selbst das neutrale il fehlt bei unpersönlichen Verben und bei il y a (b). Bei dem Ausdruck il y a kann auch, wie im Afrz. das Pronominaladverb y fehlen (c).

 a. 1. Pers. Sing.: Que diray plus? (Rons. amours 1. Bd. I, 26).
 et ne sçay quel esprit. (D. B. déf. II, 6).
 le premier lieu en nostre vulgaire qui avoy entrepris . . . (D. B. déf. II, 5).
 et ne te puis mieux persuader. (D. B. déf. II, 2).
    Je veux aimer à ceste heure,
    Amour le veut et m'asseure
    Hier à son mandement
    N'obéissant nullement
    Fis refus: il se courrouce.
     (R—B. odes d'Anacréon 15. Bd. I, p. 23).
 Plus me mets en priere et plus fais penitence. (R—B. sonnet sa Maistresse. Bd. I, p. 200).
 Perdant l'amy que seul voulois aimer. (Baïf, la complainte de la reine de Navarre, p. 54).

> Mais à ceste heure souvenu
> Pour lequel appelé t'avois.
> (Jodelle, l'Eugène, com., p 13).

II. Pers. Sing.: Bien te veux-je advertir de chercher la solitude et le silence amy des Muses à fin que ne laisses passer ceste fureur. (D. B. déf. II, 10).

> Mon arc est bien et t'asseure
> Qu'au cœur en as ta blessure.
> (R—B. odes d'Anacréon III, 16).

qui fait que nous appeles. (Baïf. amours I, p. 177).

III. Pers. Sing.: Aussi n'avoit aucun loy ou privilège de le me défendre. (D. B. Olive).

> car je sçay bien
> Que jaloux est de mon bien.
> (R—B. de la perte d'un baiser I, 179).

Car de solide n'a rien. (R—B. sur les cantiques de Nicol. Denizot).

I. Pers. Plur.: Je voudroy' bien nostre langue fust si riche d'exemples domestiques que n'eussions besoin d'avoir recours aux estrangers. (D. B. déf. I, 8).

à fin que ..... parvenions à nostre propre felicité qui ... (D. B. déf. I, 10).

jusques à l'aage bien souvent que n'avons plus ny le moyen, ny le loisir de vaquer à plus grandes choses. (D. B. déf. I, 10).

> La Rose à l'Amour sacree
> Entremeslons dans le vin.
> (R—P. odes d'Anacréon I, p. 25).

II. Pers. Plur.: N'est-ce pas contre la tempête
> Que portez brave sur la tête
> Le morion bien escaillé.
> (R—B. l'Escargot).

III. Pers. Plur.: et seulement nous ont fait tout ... (D. B. déf. I, 2).

et par mesme moyen nous ont laissé. (D. B. déf. I, 3).

il semblera que je ne les incite pour ce que debilitez par desespoir ne voudront point essayer ce à quoy ne s'attendront de pouvoir parvenir. (D. B. déf. II, 5).

b. Et certes songeant beaucoup de fois, d'où provient que. (D. B. déf. I, 10).

Vray est que pour avoir les arts et sciences. (D. B. déf. I, 10). Et semble que. (D. B. déf. II, 2).

> Je n'ay ny sang, ny veine, ny moëlle
> Qui ne se change et me' semble que ...
> (Rons., amours I. Bd. I, 48).

comme en eux n'y a ny grace, ny erudition. (D. B. déf. II, 2).

Avant toutes choses faut qu'il y ait ce jugement de cognoistre ses forces. (D. B. déf. II, 3).
Seulement j'ay bien voulu, et ne me semble mal à propos. D. B. déf. II, 8).
Las et combien seroit meilleur. (D. B. déf. I, 10).
 Vous estes tous pensifs et semble qu'un orage
 Ou quelque autre malheur soit tombé dessus vous.
  (R— B. I. j. de la bergerie II, 25).
Aviendra point qu'une fois à mon aise
Des plus pres ces beautez je contemple et je baise.
  (Baïf, amours de Francine, p. 159).

c. La race en amour ne point rien
 On met sous le pied la noblesse
 De vertu, de meurs, de sagesse
 Il en a trop qui a du bien.
  (R—B. odes d'Anacréon 47. I, 48).
Longtemps ha ma fortune faite
J'eusse trouvé quelque retraite
Pour vivre à mon contentement.
  (Baïf, les Mimes, p. 319).
Longtemps a, la terre tu fondes. (Baïf, les psaumes, p. 353).

Das im Afrz. häufige Fehlen des neutralen „le" als Accusativobject, das von Vaugelas I, 95 getadelt wird, zeigt sich noch bei den Dichtern der Plejade. Glauning weisst für Marot keine Beispiele nach, ebenso nicht Wagner für Du Bartas. (Wagner, étude sur l'usage syntaxique dans la Semaine de Du Bartas, Königsberg i. Pr. 1876).

Je ne doute point qu'il ne fust aussi difficile à apprendre comme elles sont. (D. B. déf. I, 11).
 Ils n'ont jamais tenté de faire
 Le moindre des cruautez
 Que ce trouble populaire
 A fait dedans nos citez
 N'y a jamais tant outragee
 Nostre France à leur abort
 Qu'a faict le cruel effort.
  (R—B. chant de triomphe, I, 117).
 Et surtout à ceux qui les traces
 Suyvent des vertus et des graces
 A ceux qui ont je ne sçay que
 De plus riche et meilleur alloy
 Que n'a le commun populaire.
  (R—B. sur l'importunité d'une cloche I, 174).

Le peu durer ne m'est estrange
Je sçay le journalier eschange
Des choses qui sont sous les cieux
Et que le printemps de nostre aage
Coule aussitost que fait l'image
D'une songe qui trompe nos yeux.
(R—B. sur la maladie de sa Maistresse I, p. 177).

Je serois d'ingrate nature
Ayant succé la nourriture
Et le laict tout ainsi que toy
Sous mesme air et sur mesme terre
Si l'amitié qui nous tient serre
Je n'estimois comme je doy.
(R—B. à Mr. Garnier I, p. 187).

et legier il parfait
Son voyage en neuf jours moins que Venus ne fait.
(Baïf, poemes I, p. 9).

Das adjectivisch gebrauchte Demonstrativpronomen, das nach Hemme, „Ueber die Anwendung des Artikels", p. 65, im Afrz. und vereinzelt auch im Nfrz. ohne Artikel auftritt, erscheint auch bei unsern Schriftstellern ohne den Artikel.

Au surplus, lecteur, tu ne seras esmerveillé si je redy souvent mesmes mots, mesmes sentences et mesmes traicts de vers.
(Rons., avertissement au lecteur, p. 17.)
cache moy
Sous mesme sepulture avec sa belle cendre.
(Rons., amours II. Bd. II, p. 2).
J'ordonne que mes os pour toute couverture
Reposent près des siens sous mesme sepulture.
(Rons., amours II. Bd. II, 247).
quand je le vois armé de mesmes batons que les bons maistres.
(Rons., préf. de la Franciade).
Mets moy dessus le ciel, dessous terre mets moy
Je seray tousjours mesme.
(Baïf, amours de Meline, p. 101).
et par mesme moyen nous ont laissé. (D. B. déf. I, 3).
il est impossible qu'ils ne se rencontrent en mesmes traicts et linéament, ayans mesme exemplaire devant eux. (D. B. Olive).
Les autres fruicts en leur semence
Retiennent une mesme essence
Mesme jus et mesme couleur
Mesme burgeon et mesme fleur.
(R—B. „la cerise" I, 83).

Et le laict tout ainsi que toy
Sous mesme air et sur mesme terre.
(R—B. à Mr. Garnier I, 187).

Ebenso findet sich tout vor Substantiven ohne Artikel, das im Afrz. ganz gebräuchlich war. (Mätzner, Syntax I, 171).

toutes choses. (Rons. amours I, 60. Bd. I, p. 36).
Qui voudra voir dedans une jeunesse
La beauté jointe avec la chasteté
L'humble douceur, la grave majesté,
Toutes vertus et toute gentilesse...
(Rons., amours I. Bd. I, p. 37).
De tel desir toute France qui pend
De vos vertus, vostre presence attend.
(Rons., à la Reine mère Cathérine de Medici, bocage royal).
Toutes personnes de bon esprit. (D. B. déf. I, 11).

## 3. Negation.

In der Sprache des XVI. Jhds. genügt als Negation meist noch das einfache ne. Im Afrz. konnte auch ne fehlen und die Negation durch die Füllwörter allein ausgedrückt werden. (cf. Lüdecking, Zur Geschichte der Negation in der franz. Sprache, Wiesbaden 1861, p. 2). Vaugelas I, 343 nennt die Auslassung von ne und das alleinige Stehen der Füllwörter elegant.

Die Plejadendichter bieten Beispiele für beide Auslassungen; die letztere findet sich besonders bei Fragen. Doch ist der Gebrauch der vollen Negation, Füllwort mit ne, vorwiegend.

Je dy encore cecy lecteur à fin que tu ne penses que j'ay rien emprunté des nostres. (D. B. Olive épitre).
Si mon arc est point gasté. (R—B. odes d'Anacréon I, 16).
à ceux-là je n'ay entrepris de satisfaire. (D. B. déf. I, 1).
pour ce que l'affection ne permet que... (D. B. déf. I, 1.)
Je n'estime pourtant nostre vulgaire estre si vil. (D. B. déf. I, 4).
nostre langue francaise n'est si pauvre. (D. B. déf. I, 4).
les mystères de la theologie ne doivent estre descouverts. (D. B. déf. I, 4).
les esprits ne sont à comparer aux anciens. (D. B. déf. I, 9).
de ne durer perpetuellement. (D. B. déf. I, 9).
pour ne faire comme ceux qui... (D. B. déf. II, 3).

Vaut-il pas mieux? (Rons., amours I, 7. Bd. I, 6).
Verray-je point avant mourir le temps? (Rons., I, 76).
Mais je te prie, dy-moy, est-ce point le Dieu Mars? (Rons., amours de Marie).
pecheroy-je pas? (D. B. déf. I, 1).
Je dy encore cecy que j'ay rien emprunté des nostres. (D. B. Olive ép.).

   Et toy, ô dieu qui mon rivage baignes,
   As-tu point veu une nymphe craintive?
     (D. B. Olive son. XVIII).
   Faison . . . . espreuve
   Si mon arc est point gasté.
     (R—B. odes d'Anacréon I, 16).
   Gennes, vis-tu pas la rage
   Des vents? (Baïf, les passetemps III. p. 261).

Nebensätze, welche den Begriff des Fürchtens enthalten, nach affirmativen Hauptsätzen haben im Nfrz. die Negation ne bei ihrem Verb. (Mätzner, Syntax I, 392). Bei der Plejade kann dies ne wie im Afrz. noch ausgelassen werden.

De peur que ma Muse fust riche. (Rons., recueil des poemes à Charles card. de Lorraine. Bd. VI, p. 289.)

   Las! j'ay peur qu'ils tiennent de la race
   De ton ayeul le roy Leomedon.
     Rons., amours I, Bd. I, 15).
   Mais j'ay peur
   Que ton art desrobe l'honneur
   De ces roses mignardellettes.
     (R—B. l. j. de la bergerie II, 117).
   Je crains fort que tant soit noyé.
     (Baïf, les Mimes, p. 203).

## Berichtigungen.

pag. 8, Zeile 28, statt: tont lies: tant.
 „ 26, „ 13, „ Etqui lies: Et qui.
 „ 32, „ 39, „ rigeur lies: rigueur.
 „ 38, „ 18, „ arjutie lies: argutie.

Am 26. Juni 1863 wurde ich, KARL ERNST BECKER, zu Darmstadt geboren. Nachdem ich von meinem Vater, Director der Grossh. Hess. Realschule zu Michelstadt, in den Elementen unterrichtet worden war, trat ich im Jahre 1872 in die dortige Realschule ein, die ich im Jahre 1878 absolvierte. Von diesem Jahre an besuchte ich das Grossh. Realgymnasium zu Giessen, wo ich nach $2\frac{1}{2}$ jähr. Aufenthalte das Maturitäts-Zeugniss erwarb. Darauf am 7. Mai 1881 zu Giessen immatriculiert, hörte ich zwei Semester die Herren Professoren BRAUNE, LEMCKE, ONCKEN und setzte meine Studien auf der Kaiser-Wilhelms-Universität Strassburg bei den Herren Professoren TEN BRINK, GRÖBER, KLUGE, LAAS, LIEBMANN, MARTIN, SCHEFFER-BOICHORST, STUDEMUND, WINDELBAND fort. Allen genannten Herren bin ich für die mir zu Teil gewordene Belehrung zum grössten Danke verpflichtet.